Paris
to
Stockholm

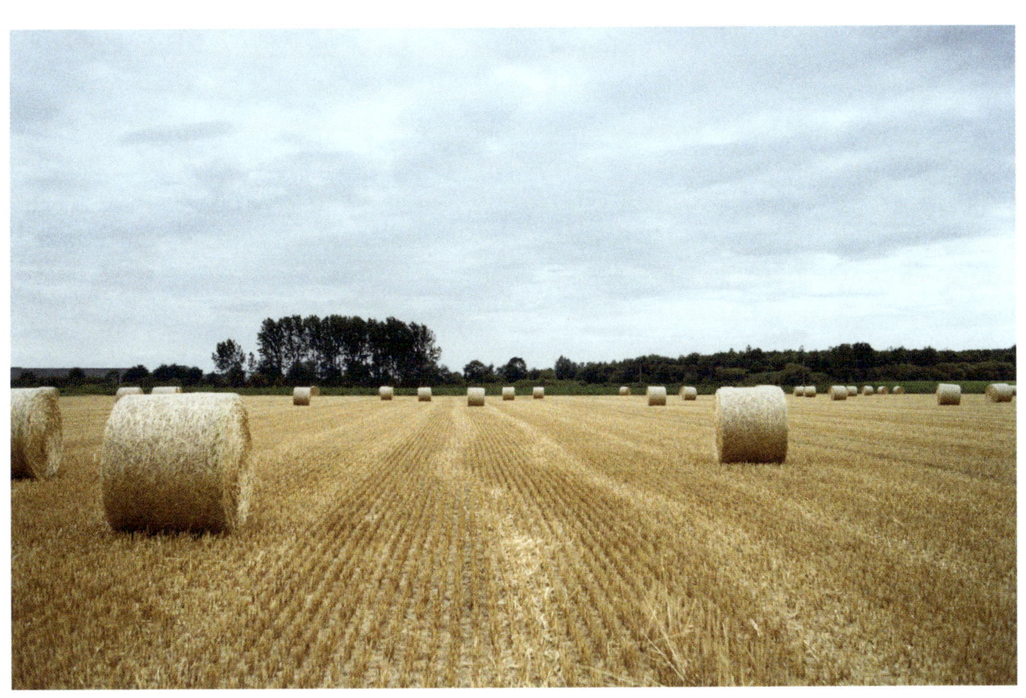

1

This publication features a series of photographs taken during a cycle trip from Paris to Stockholm in August 2019. Its aim is to contribute to our architectural culture and to constitute a set of references that our team can share.

This research work carried out on architectural references is an integral part of our practice and actively contributes to the way we conceive architecture.

The reason for the trip was to explore and experience the architecture of abbeys built by Hans van der Laan between 1970 and 1990 in Belgium, the Netherlands and Sweden.

The idea of using a bike as the sole means of transport testifies to our sensitivity to this architect and his work. It was guided as much by the pleasure of cycling—the way it relates to time, speed and the surroundings—as by the idea of autonomy and the immeasurable freedom this means of transport provides.

The bike establishes a parallel between the discipline cycling demands and the architectural rigour of Hans van der Laan. Cycling was also chosen for practical reasons: some places such as Klippan and Tomelilla in Sweden are located in remote areas hard to get to by public transport.

In addition to the abbeys, individual and collective housing also emerged as a central theme during these four weeks.

Projects on the Antwerp harbourfront and in Amsterdam's Eastern Docklands, as well as the housing block designed by Kay Fisker in Copenhagen, are valuable references and provide lessons on how to build collective housing.

These projects testify to a constant search for the right balance between autonomy and dependence in terms of the way architecture relates to its surroundings. They offer responses to the challenges of density and seek to achieve a sense of familiarity and timelessness in architectural language that is essential to ensure that they remain relevant long into the future.

Projects designed by Hans Christian Hansen in Copenhagen and Klas Anshelm in Malmö also symbolise this search for balance. Their rich vocabulary, their economy of means and their use of ordinary materials such as sheet metal and wooden planks give these buildings a powerful architectural identity.

The end of the journey has an artistic dimension thanks to the works of Gunnar Asplund and Sigurt Lewerentz.

These 90 photos, taken with a 35mm lens using 35mm film, provide a record of a fascinating 2,600-kilometre tour.

Cette publication a pour objet un recueil de photos réalisées lors d'un voyage à vélo entre Paris et Stockholm au cours du mois d'août 2019.

Elle entend participer à la culture architecturale ainsi qu'à la constitution d'une somme de références communes au sein de l'agence. Ce travail de recherche mené autour de références architecturales fait partie intégrante de notre pratique et contribue activement à notre manière de concevoir l'architecture.

Le prétexte qui a servi à cet itinéraire fut le désir d'explorer et de ressentir l'architecture des abbayes construites par Hans van der Laan entre 1970 et 1990 à travers la Belgique, les Pays-Bas et la Suède.

Le choix du vélo comme unique moyen de transport témoigne de la considération que nous portons à cet architecte et à son œuvre. Ce choix est guidé autant par le plaisir du voyage à vélo, le rapport au temps, à la vitesse, au territoire, que par l'autonomie et l'immense liberté que procure ce mode de transport.

Le vélo, comme moyen de déplacement, établit également un parallèle entre la discipline qu'il demande et la rigueur architecturale de Hans van der Laan. Ce choix est enfin motivé par des raisons pratiques. Certains lieux, comme Klippan ou Tomelilla en Suède, sont situés dans des régions éloignées et accessibles uniquement par ses propres moyens.

Outre ces abbayes, le thème de l'habitat individuel et collectif s'est également imposé de lui-même au cours de ces quatre semaines.

Les projets du port d'Anvers, les Eastern Docklands à Amsterdam ou encore l'îlot de Kay Fisker à Copenhague sont autant de références et d'enseignements sur la manière de construire des logements collectifs.

Ces projets témoignent de la recherche constante d'un juste équilibre entre autonomie et dépendance de l'architecture au regard de son territoire. Ils offrent des réponses aux enjeux de densité et traduisent cette recherche de familiarité et d'intemporalité du langage architectural indispensable à la pérennité des projets.

Les projets de Hans Christian Hansen à Copenhague ou de Klas Anshelm à Malmö symbolisent tout autant cette recherche d'équilibre. Par la richesse du vocabulaire employé, l'économie de moyens et la mise en œuvre d'éléments comme la tôle ou les planches de bois, relevant de l'ordinaire, l'architecture est ici l'expression d'une forte identité.

La fin de cet itinéraire revêt, enfin, une certaine dimension artistique à travers les œuvres de Gunnar Asplund et Sigurt Lewerentz notamment.

Ces 90 photos, prises avec un objectif de 35 mm sur une pellicule 35 mm, sont le récit d'un tour passionnant sur une distance de 2 600 kilomètres.

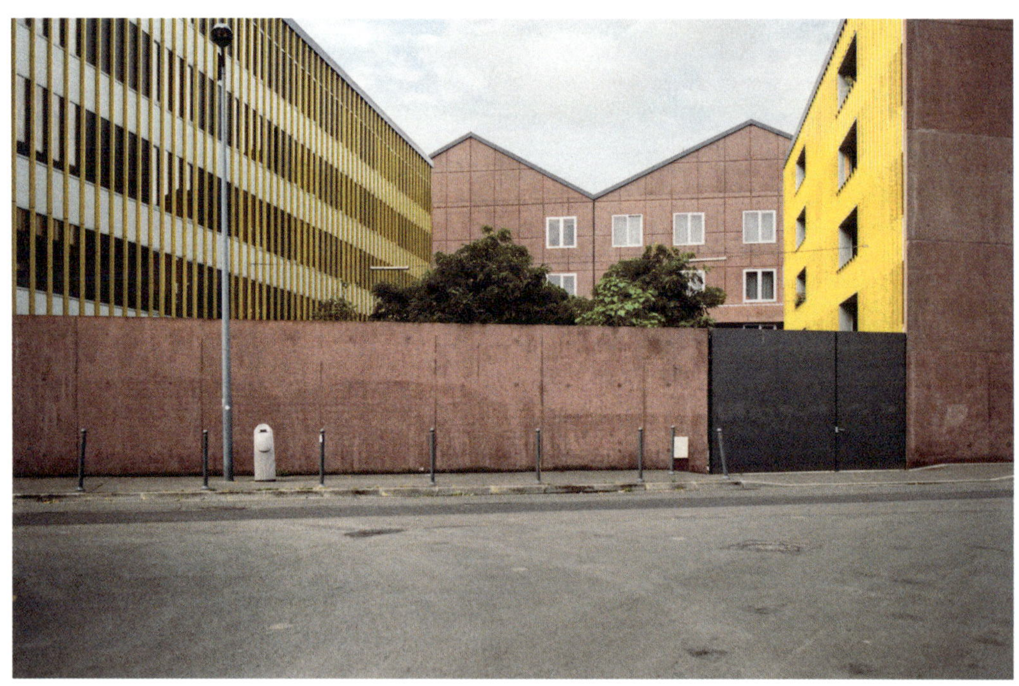

6

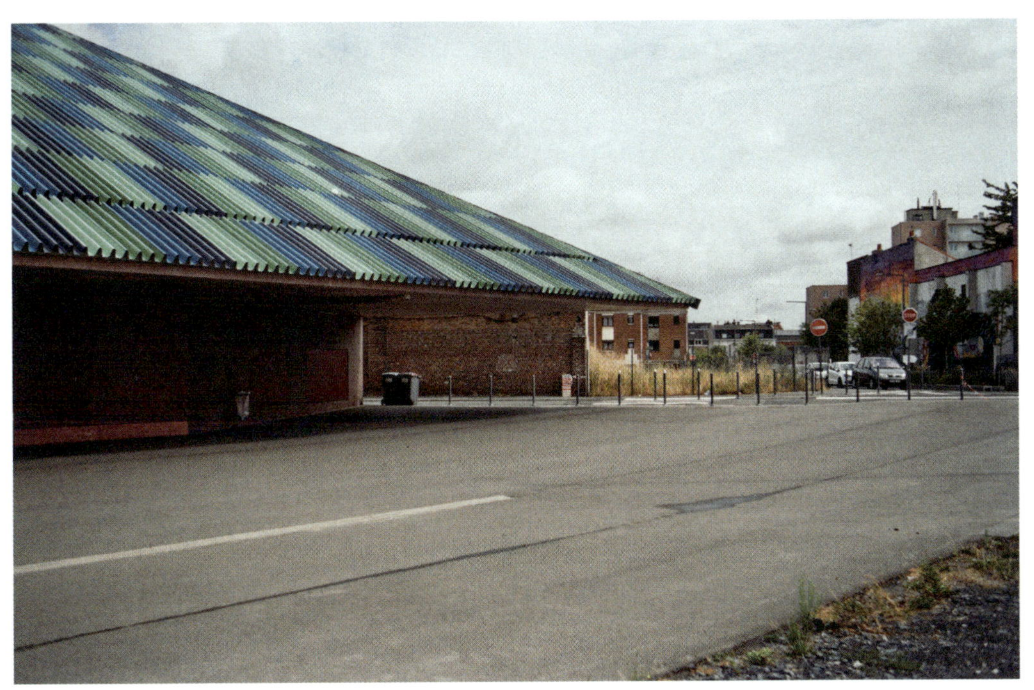

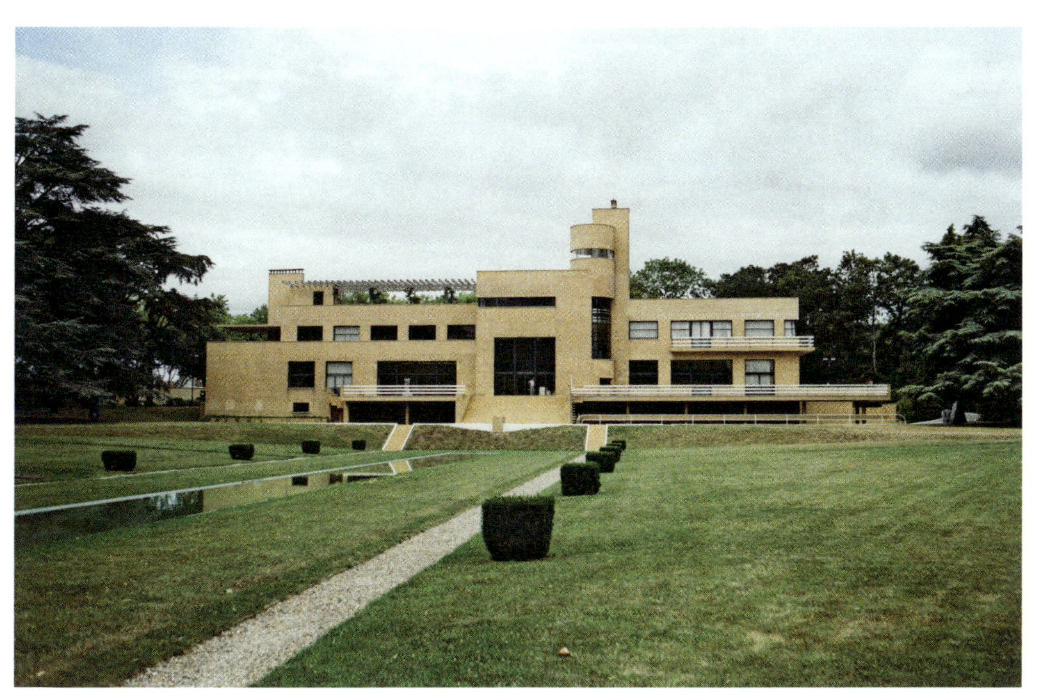

9

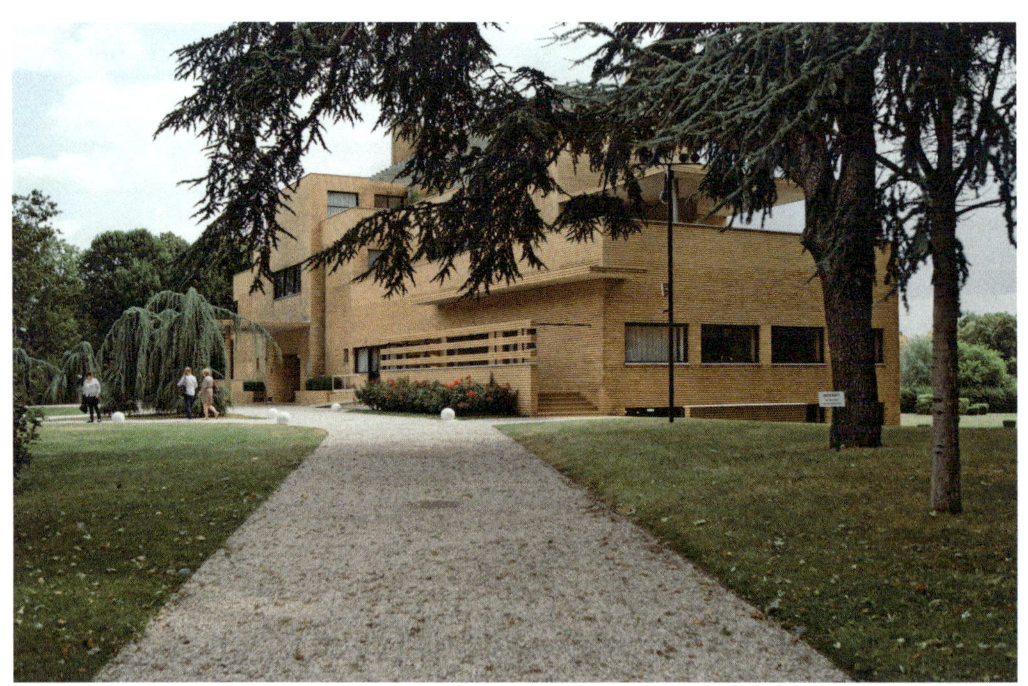

10

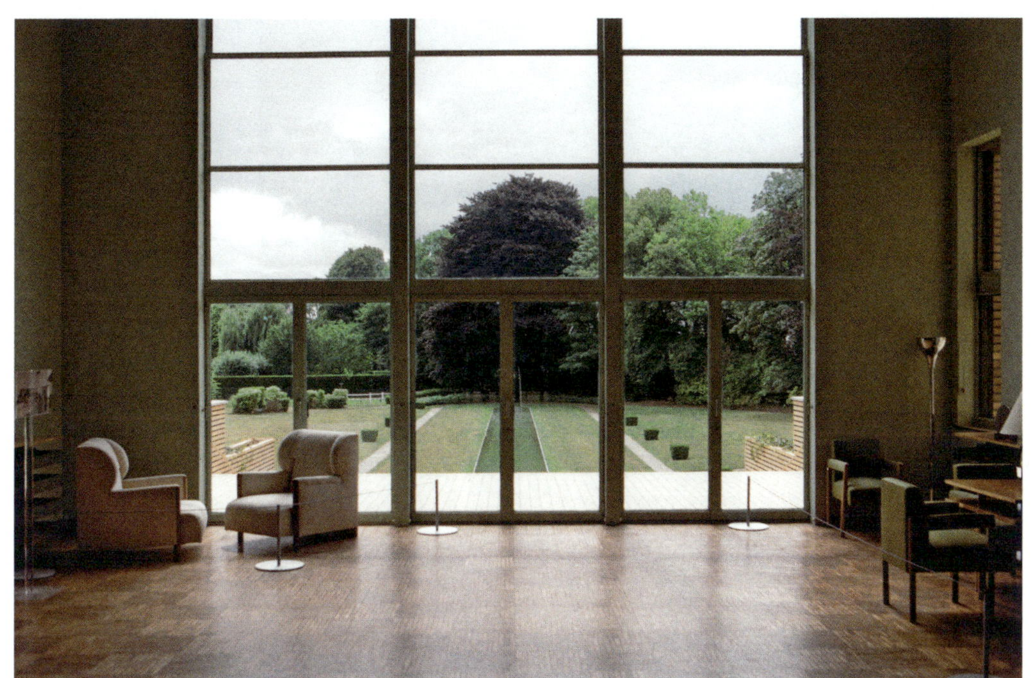

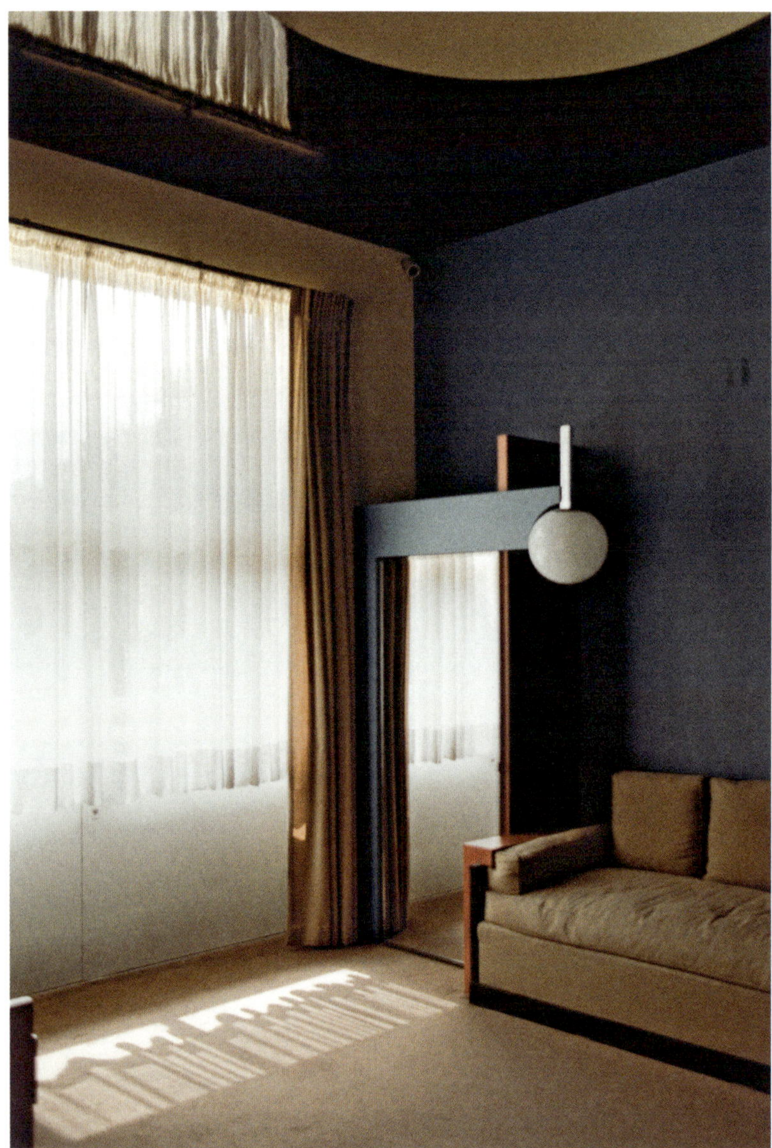

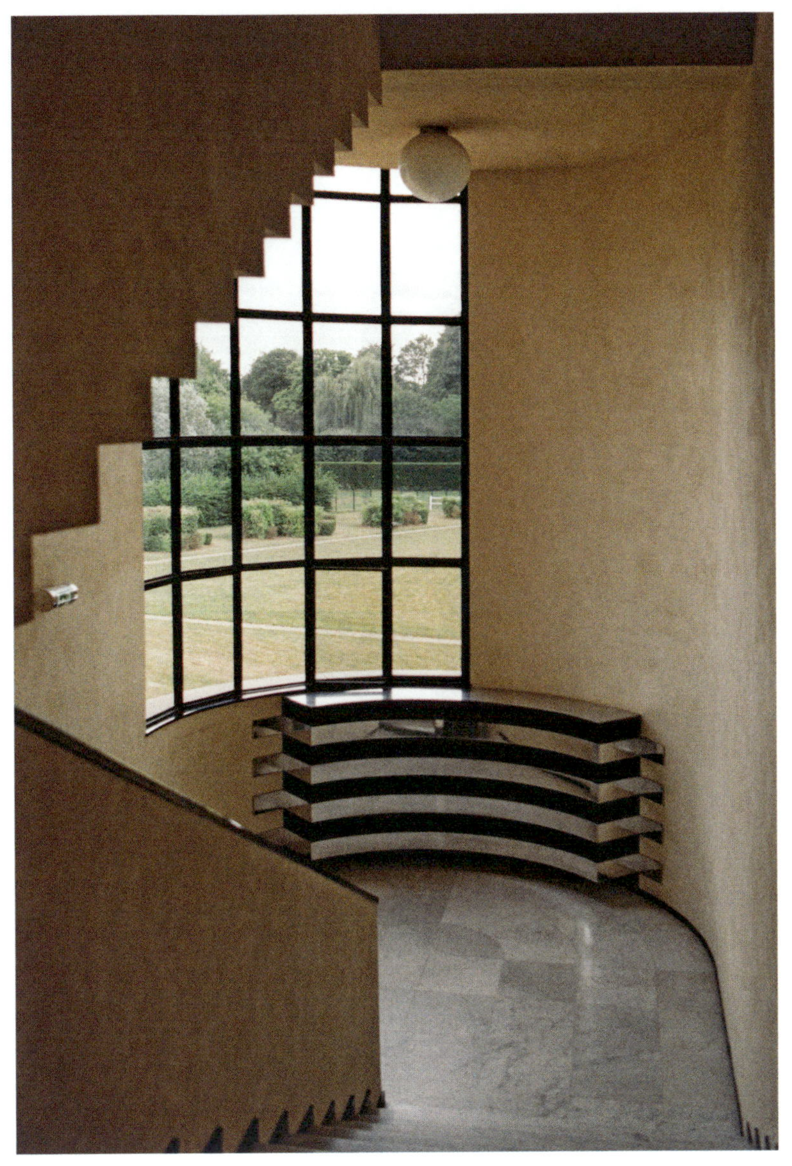

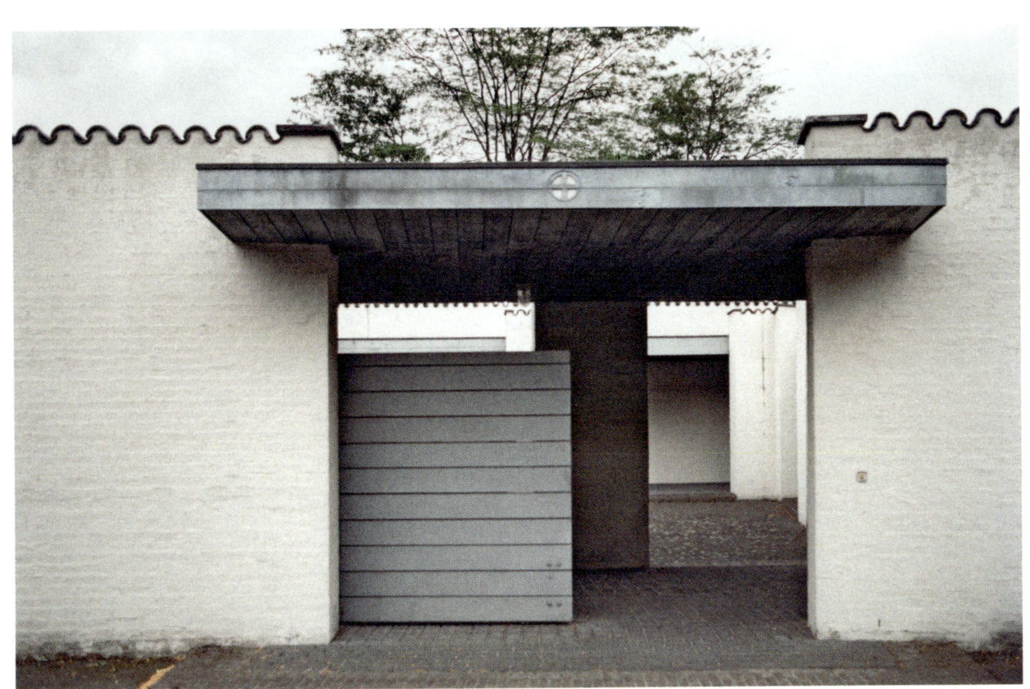

Celebrating architecture:
Contemplation, honesty, order, hierarchy, the quest for perfection.
Hans van der Laan's architecture is inseparable from his life as a Benedictine monk.

Célébrer l'architecture :
La contemplation, l'honnêteté, l'ordre, la hiérarchie, la quête de perfection.
L'architecture de Hans van der Laan est indissociable de sa vie de moine bénédictin.

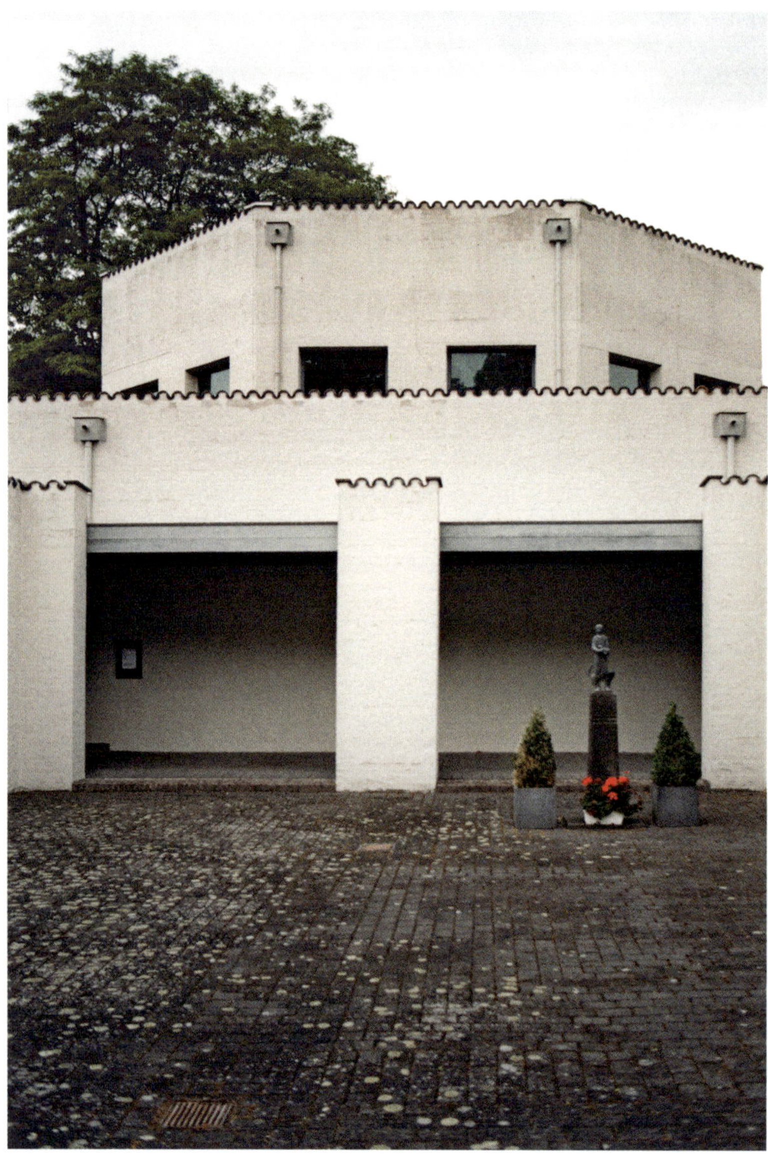

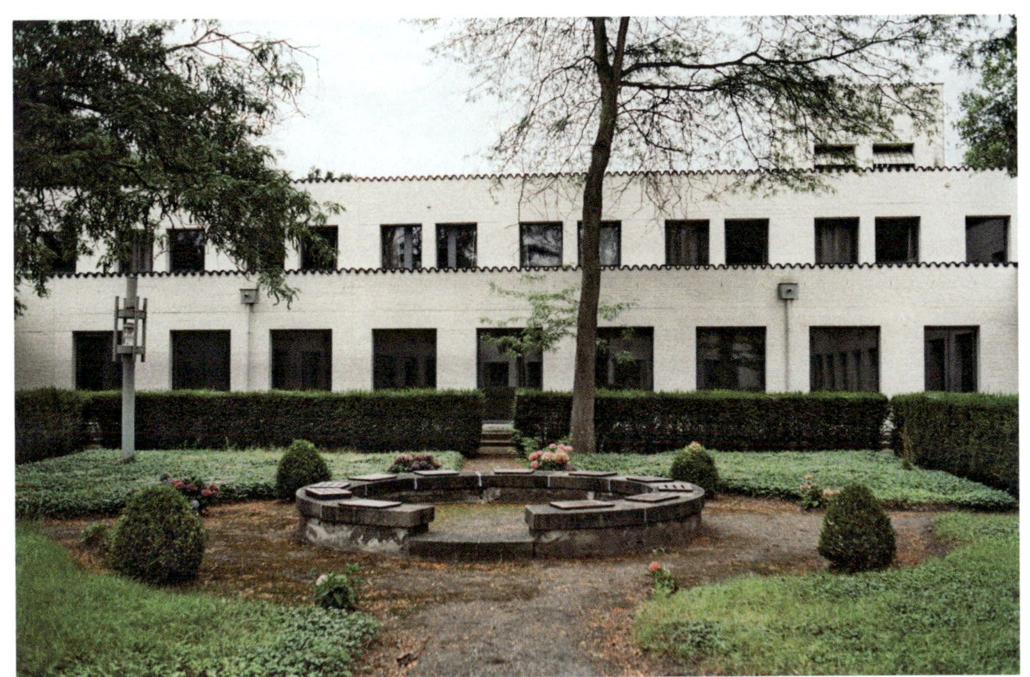

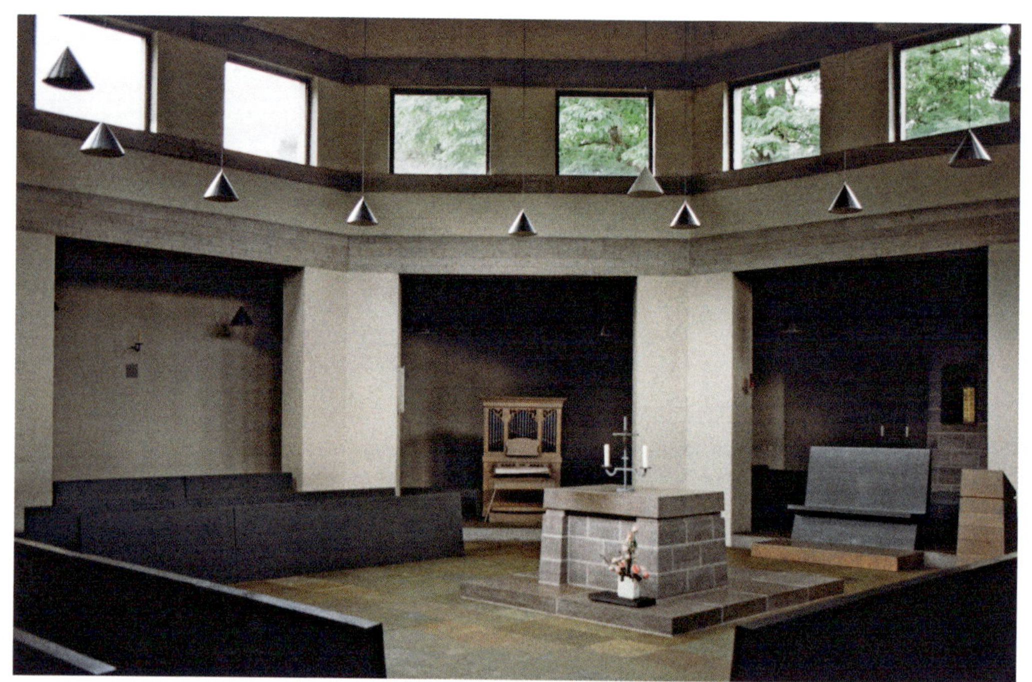

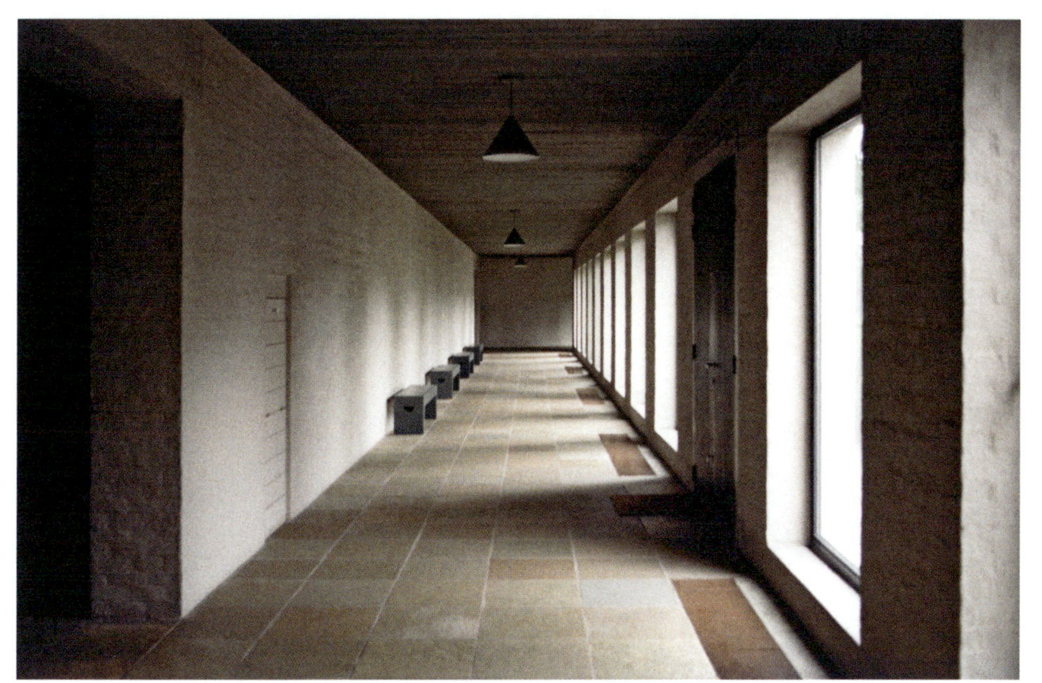

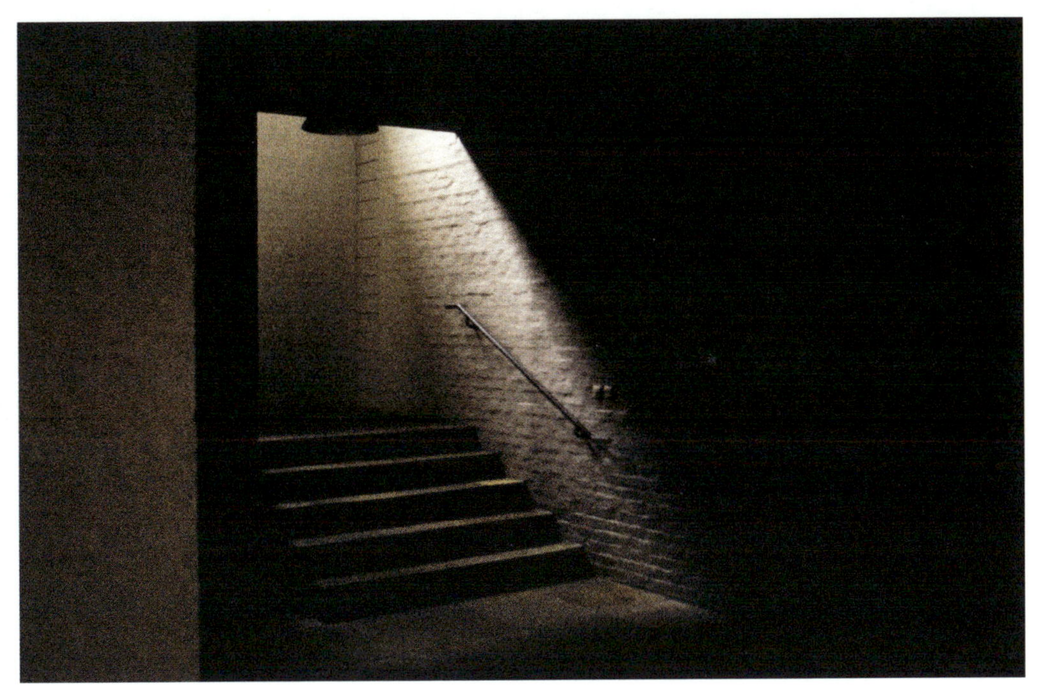

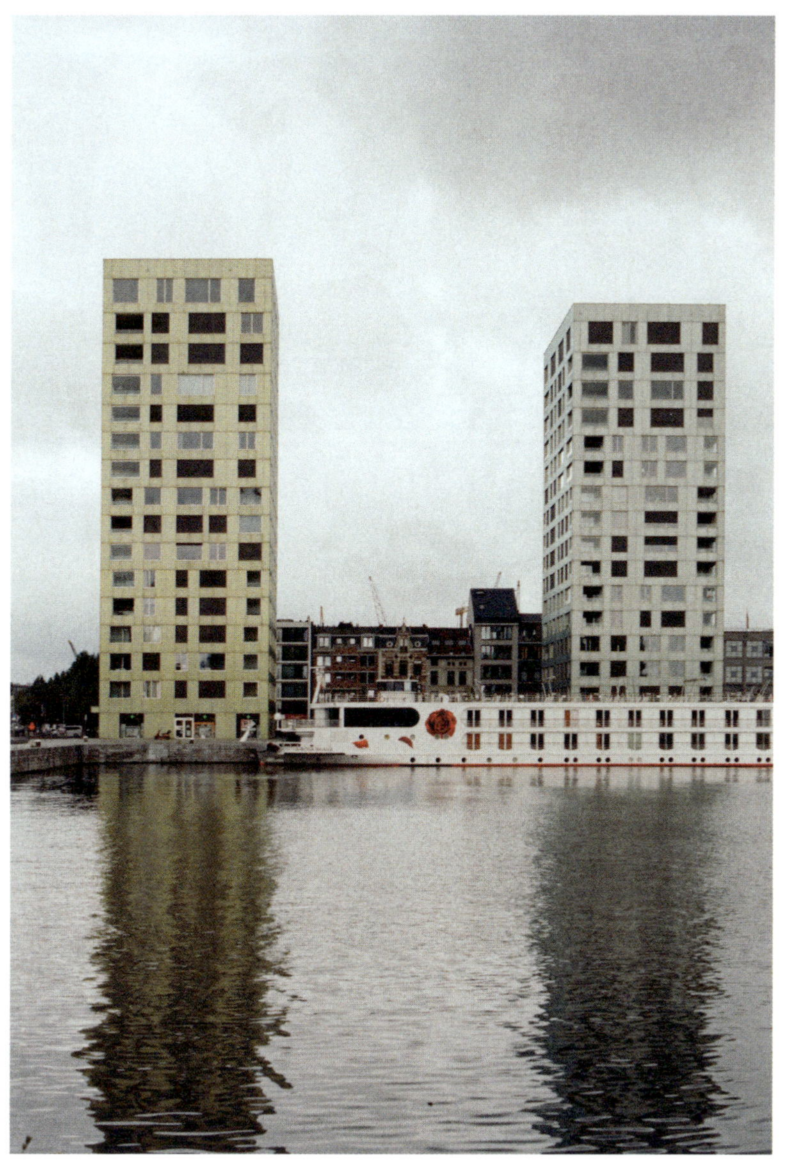

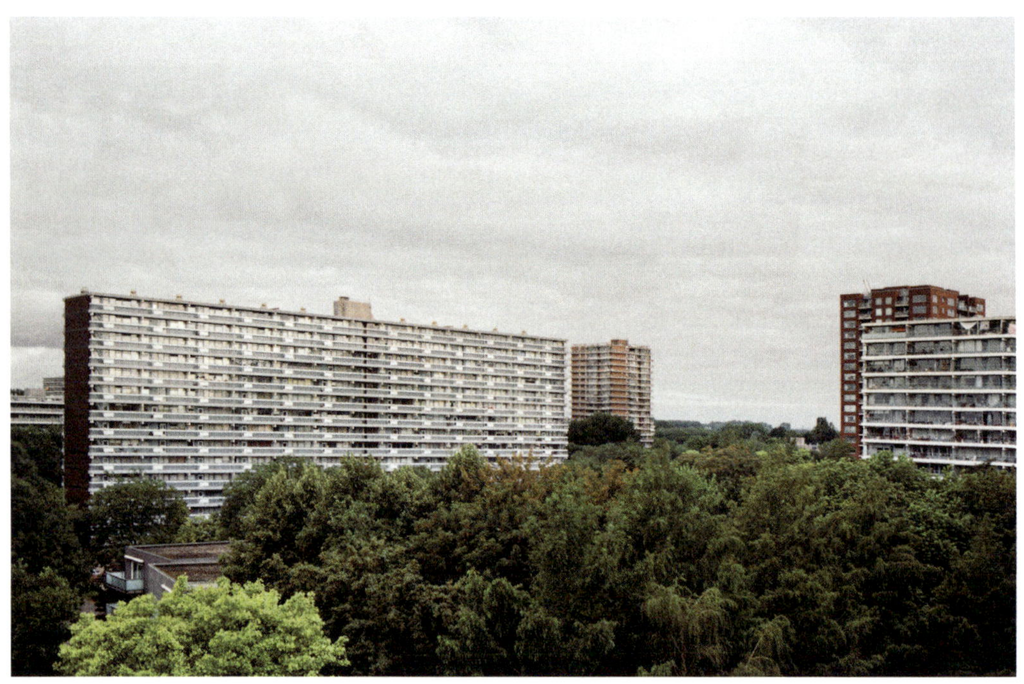

26

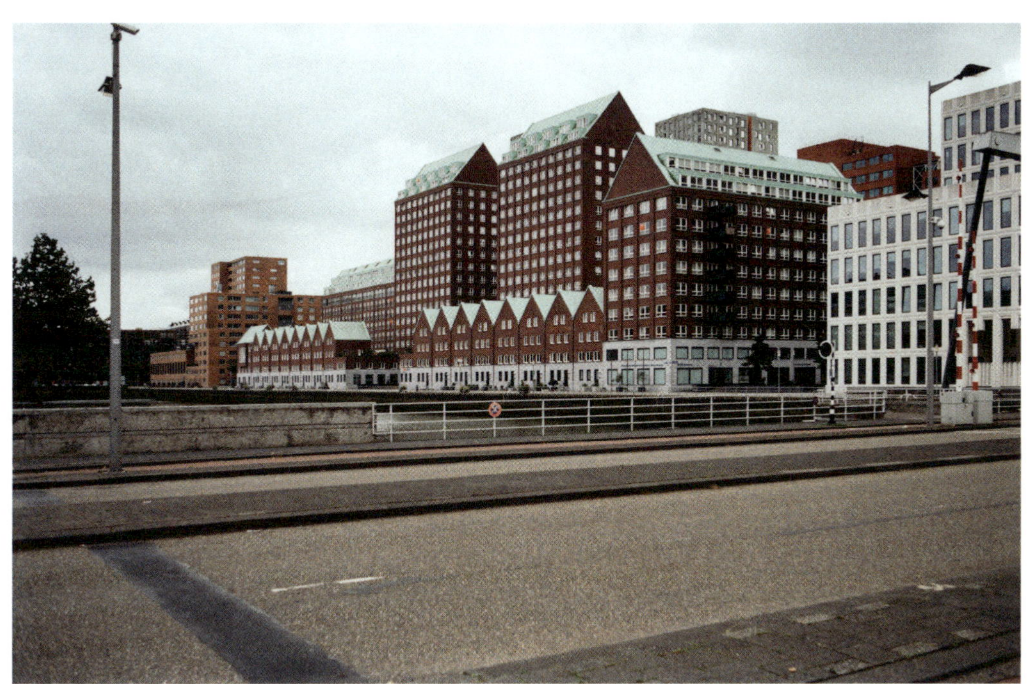

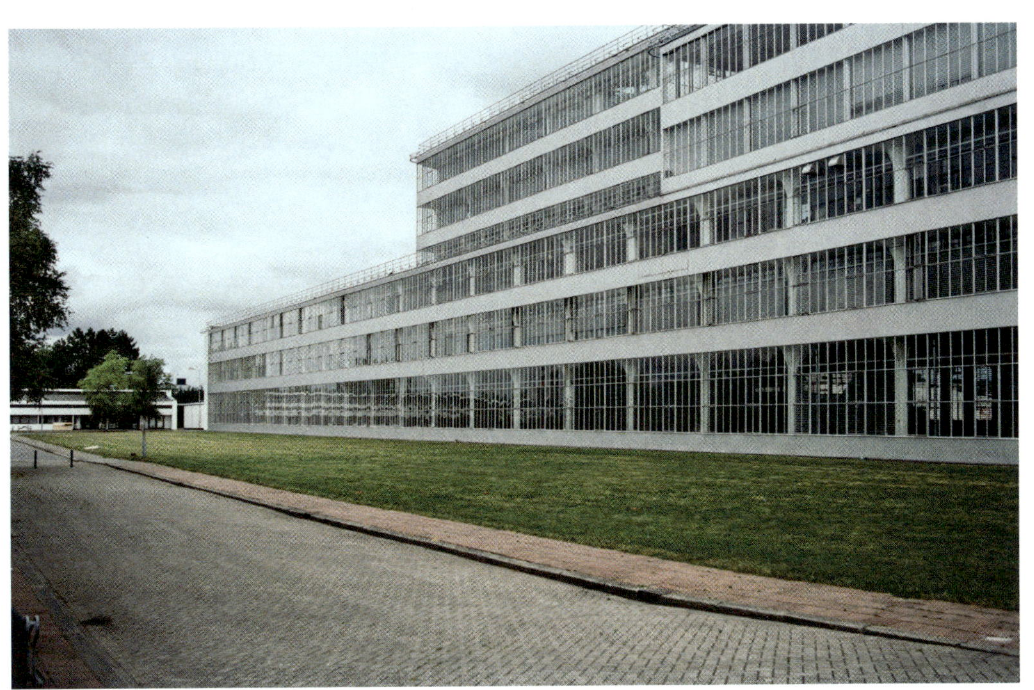

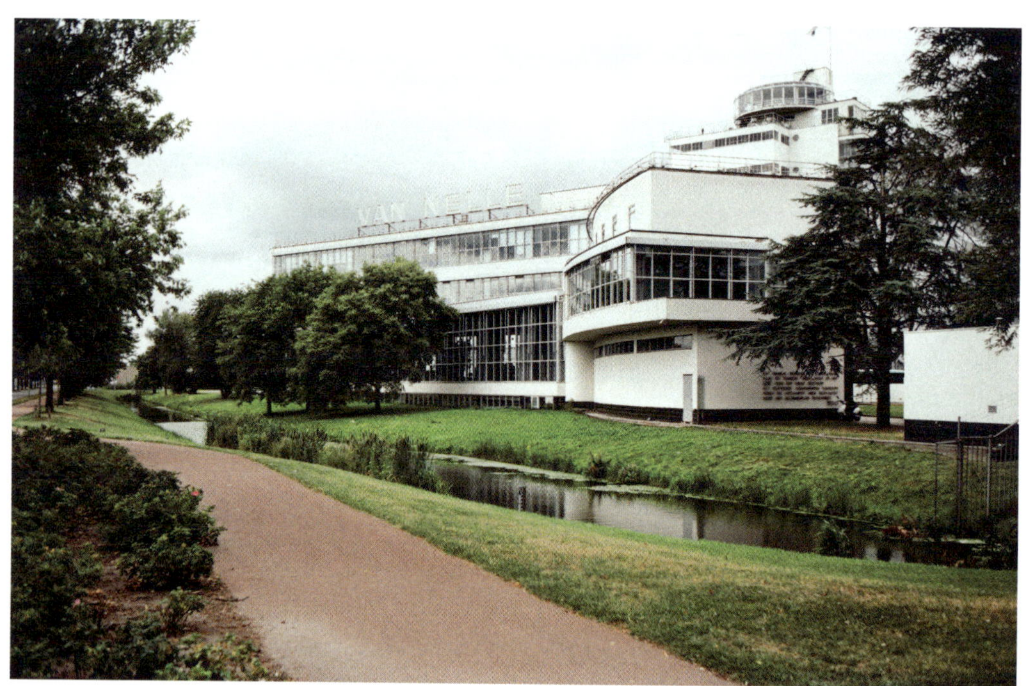

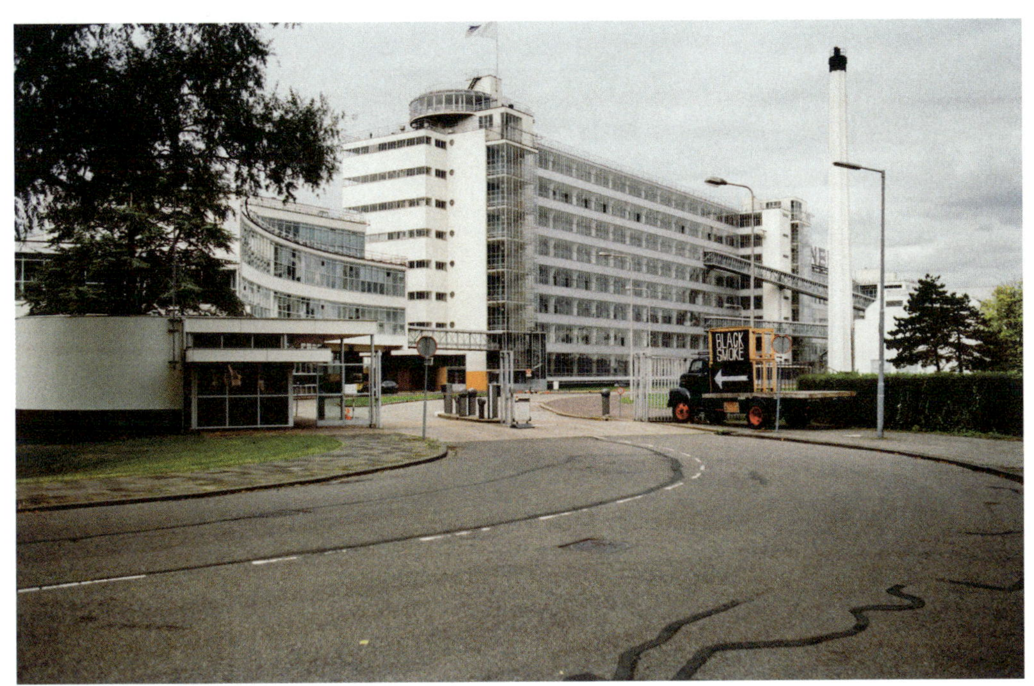
BLACK
SMOKE

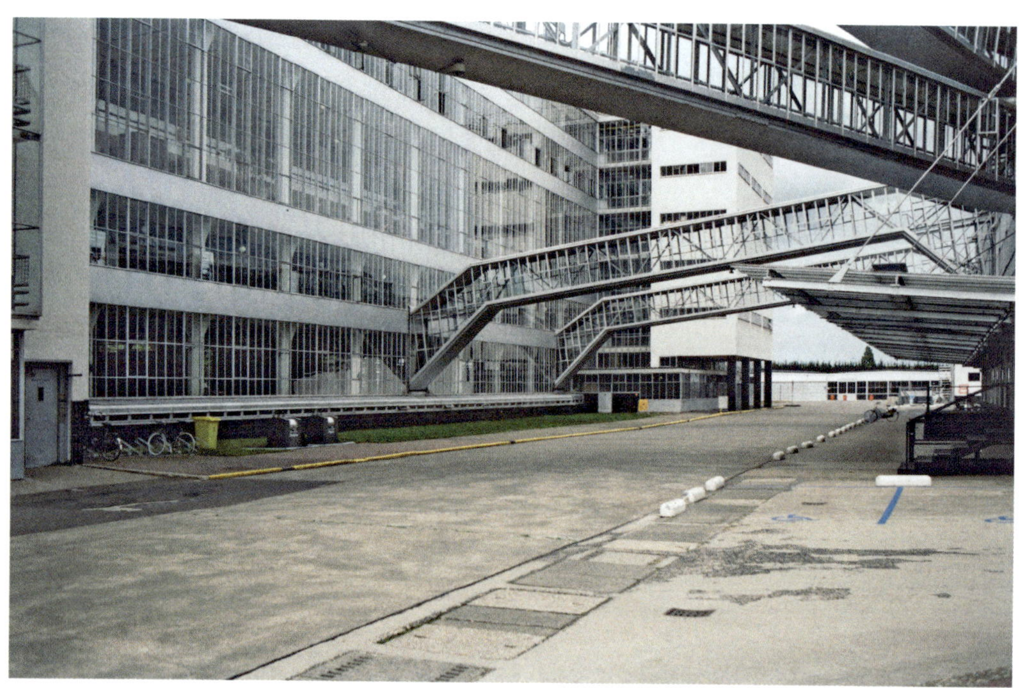

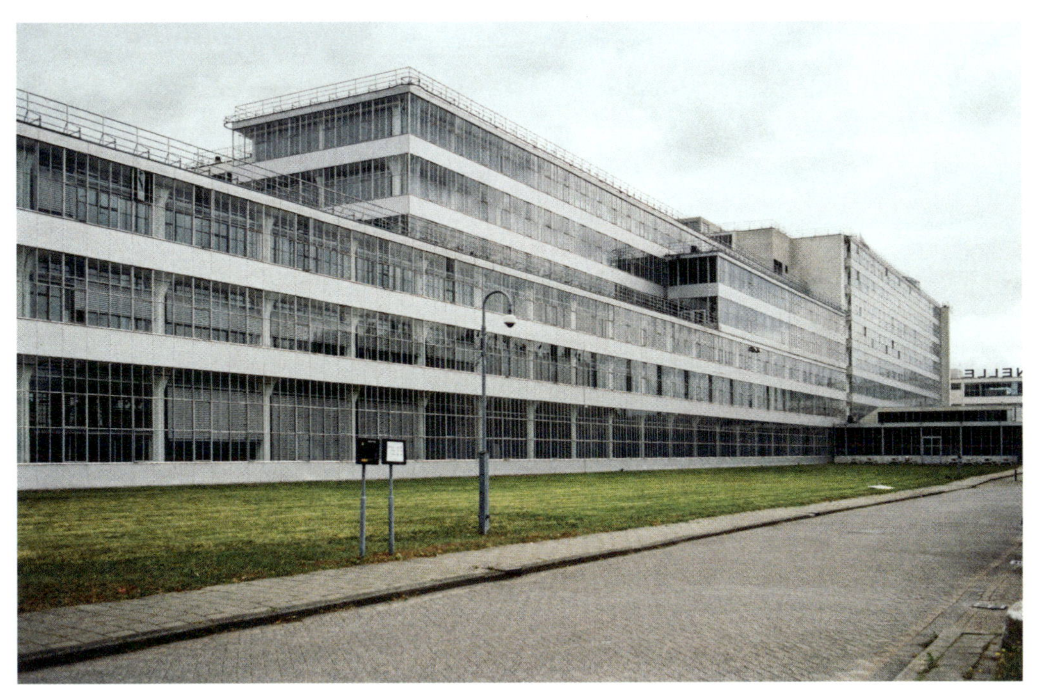

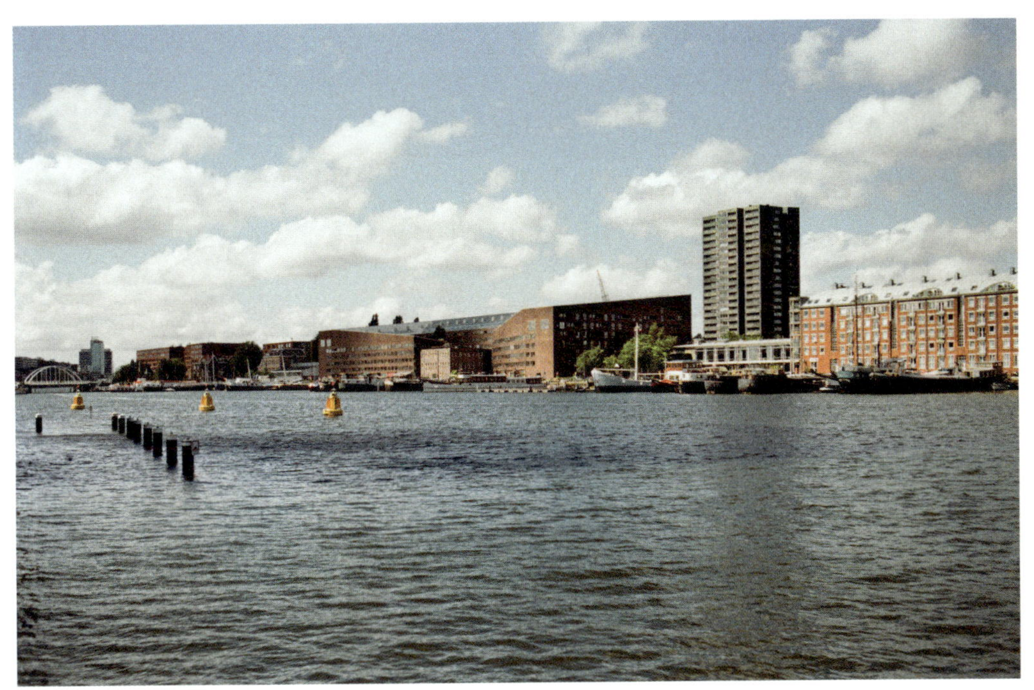

Amsterdam: the domesticity of urban design.
Doors, windows, stairs. Using a simple, natural architectural vocabulary to ensure that homes last a long time.

Amsterdam, la domesticité de l'urbanisme :
Portes, fenêtres, marches. L'emploi d'un vocabulaire architectural simple, naturel et intuitif pour assurer la pérennité de l'habitat.

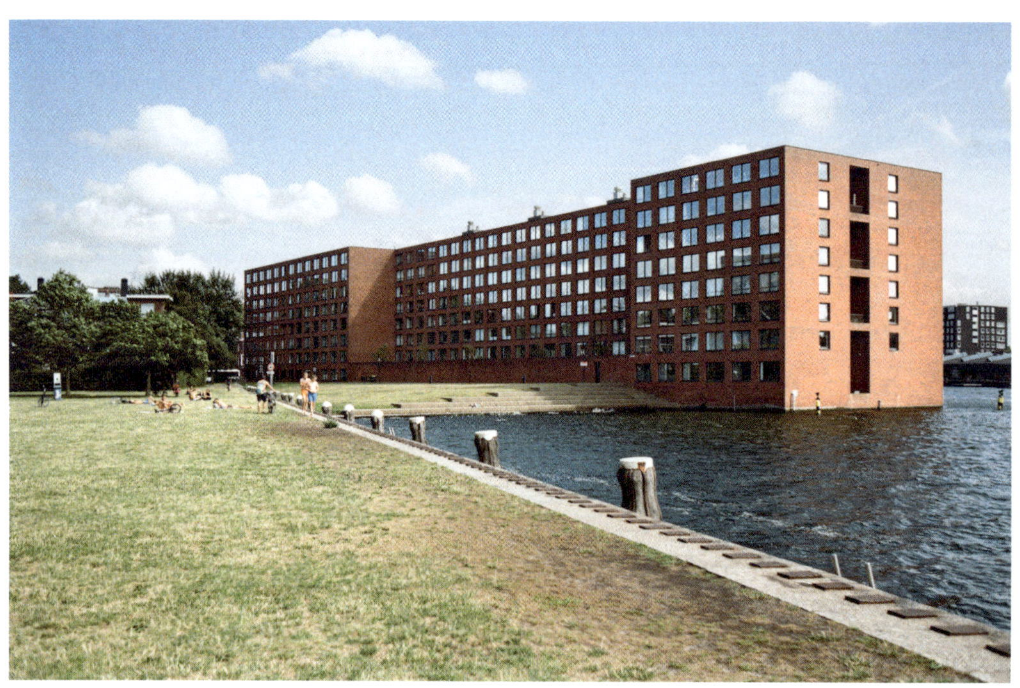

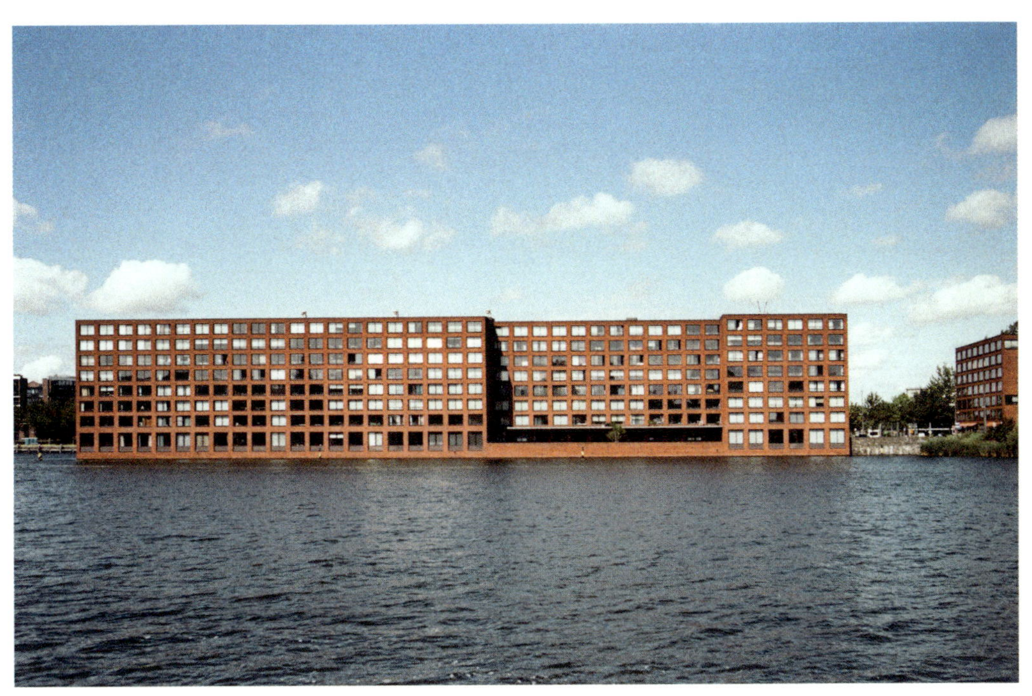

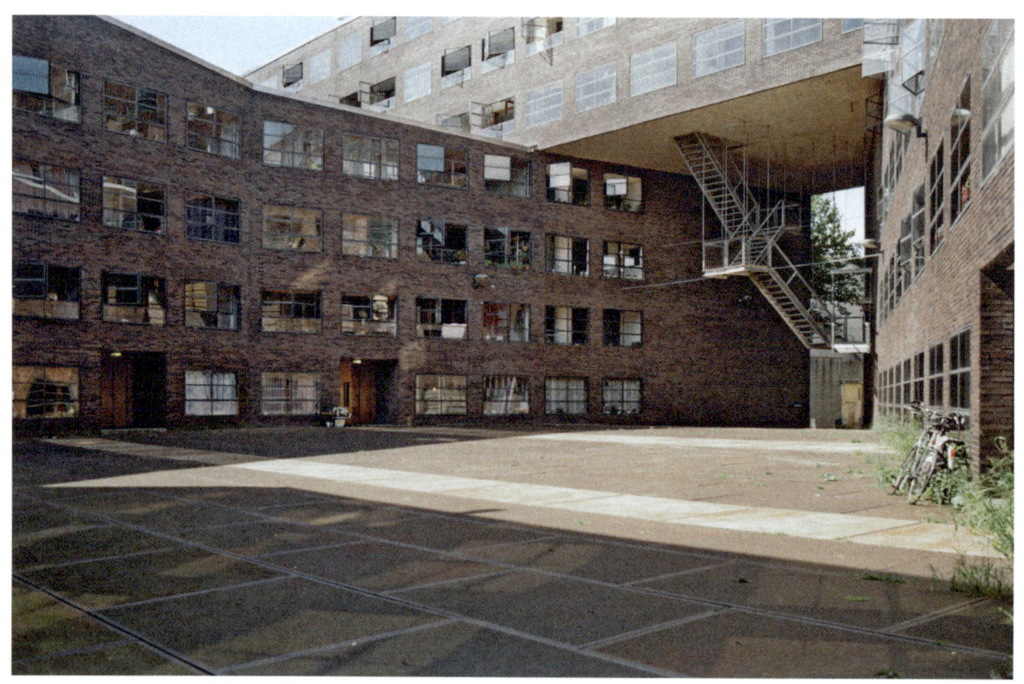

40

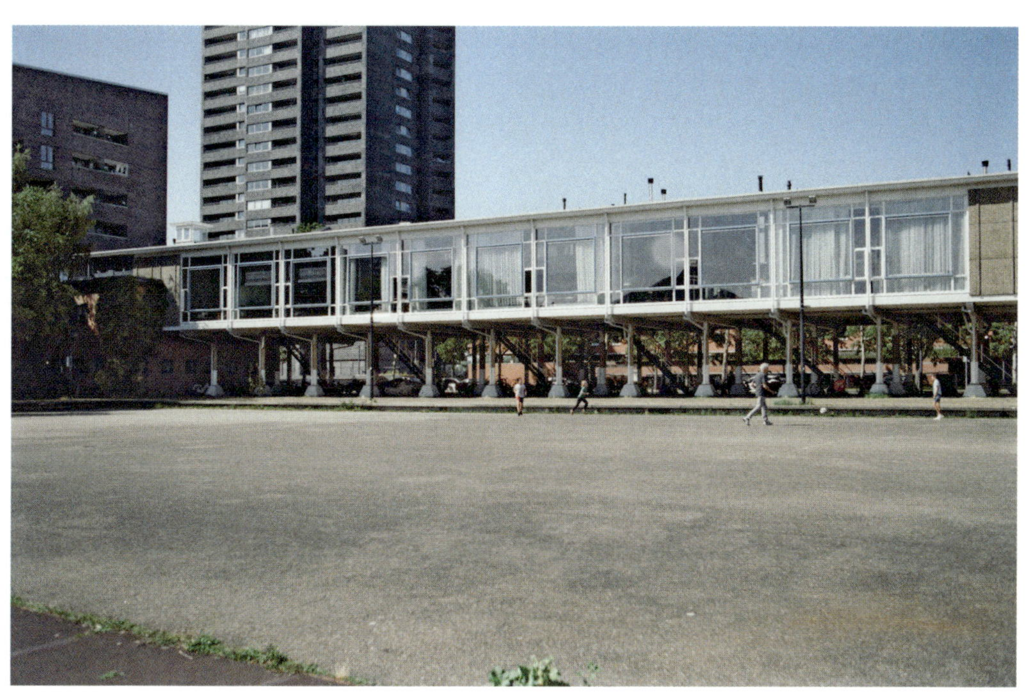

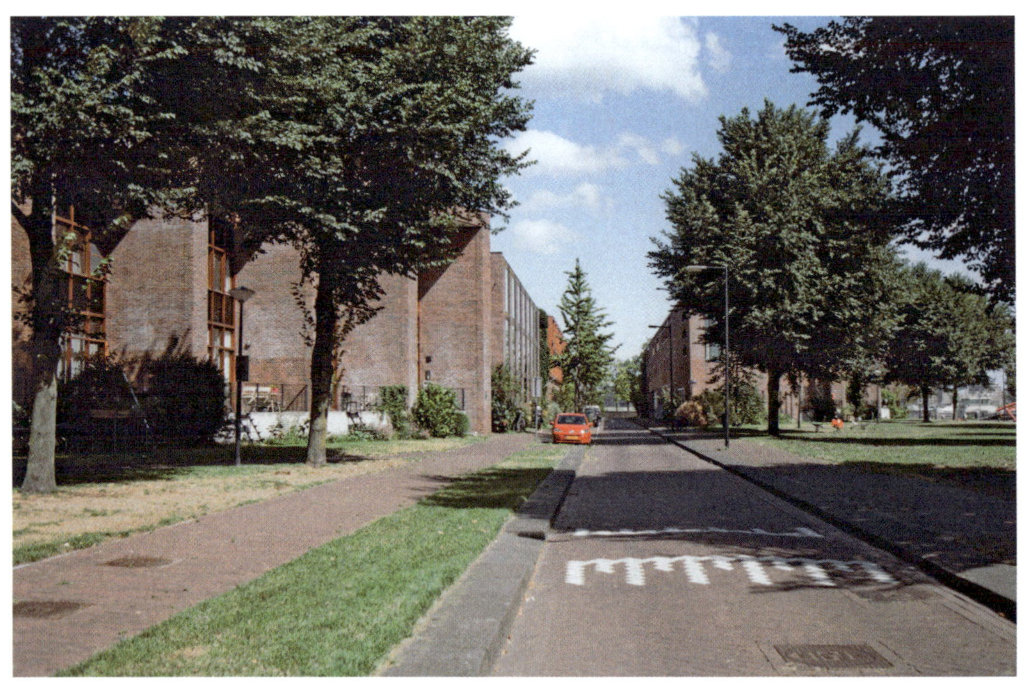

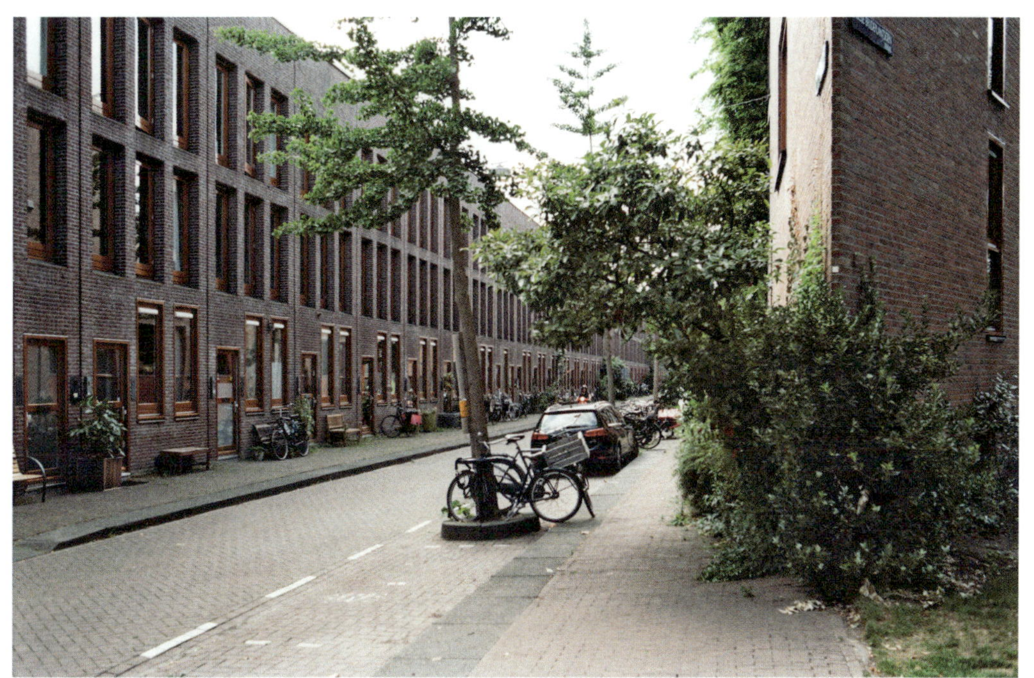

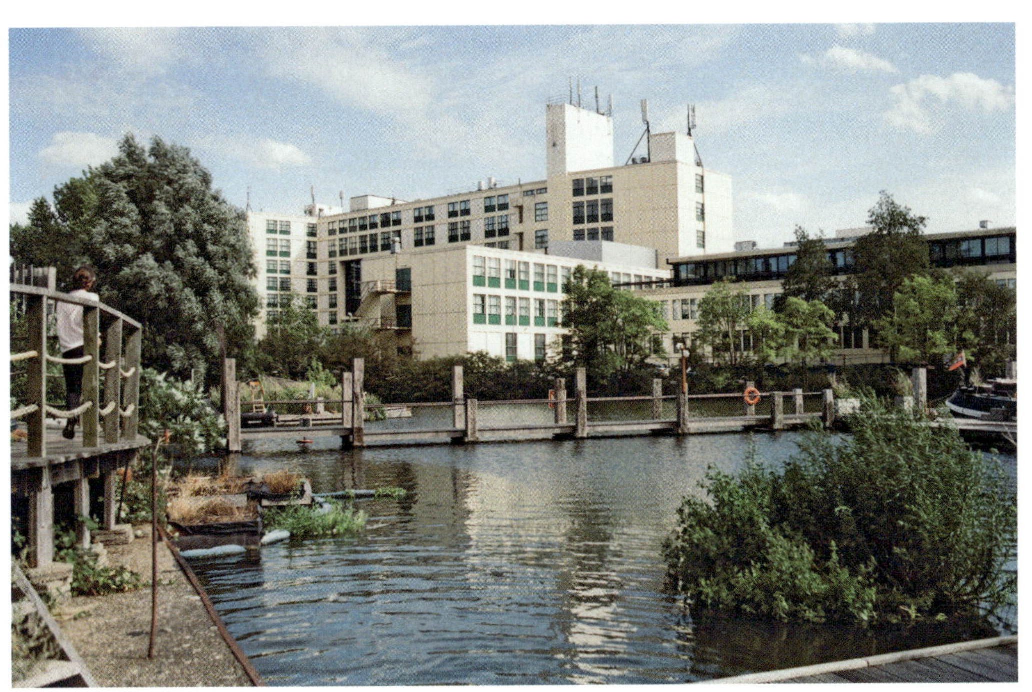

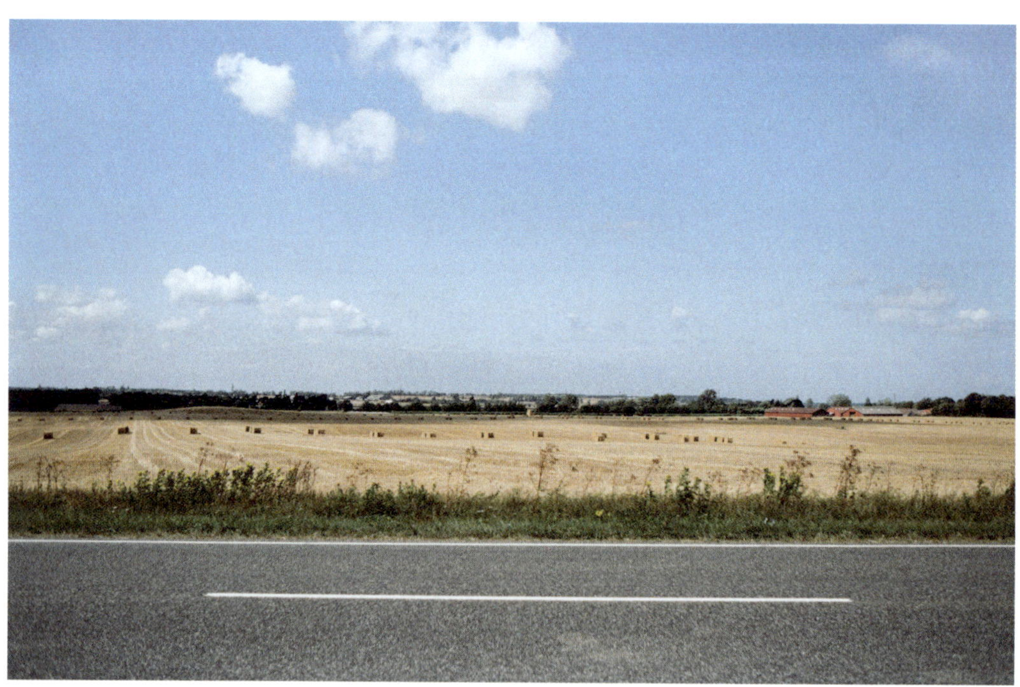

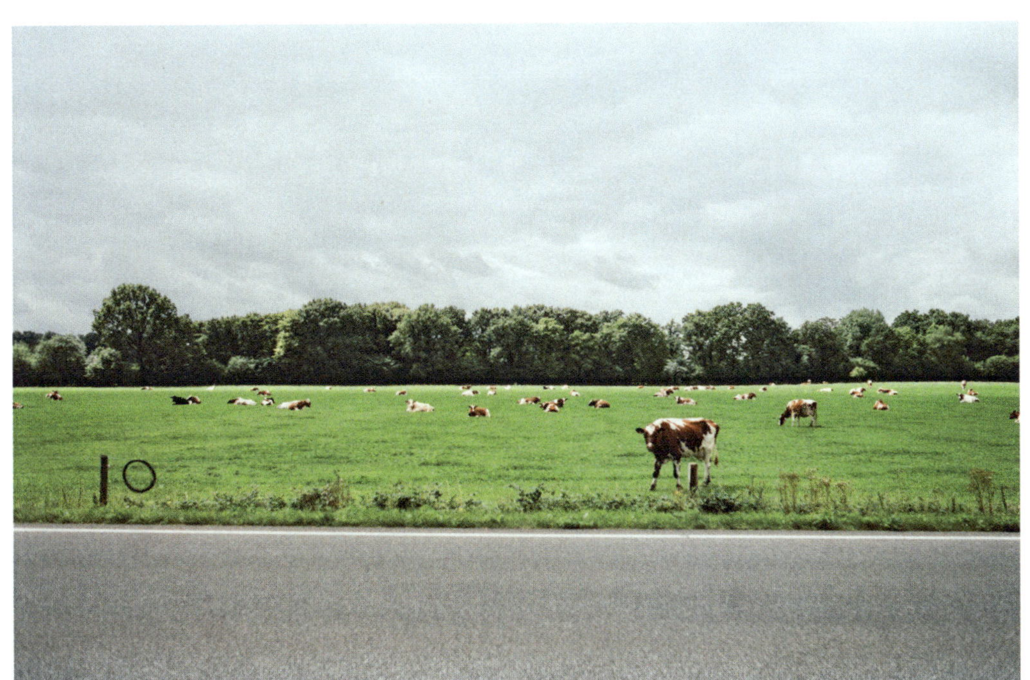

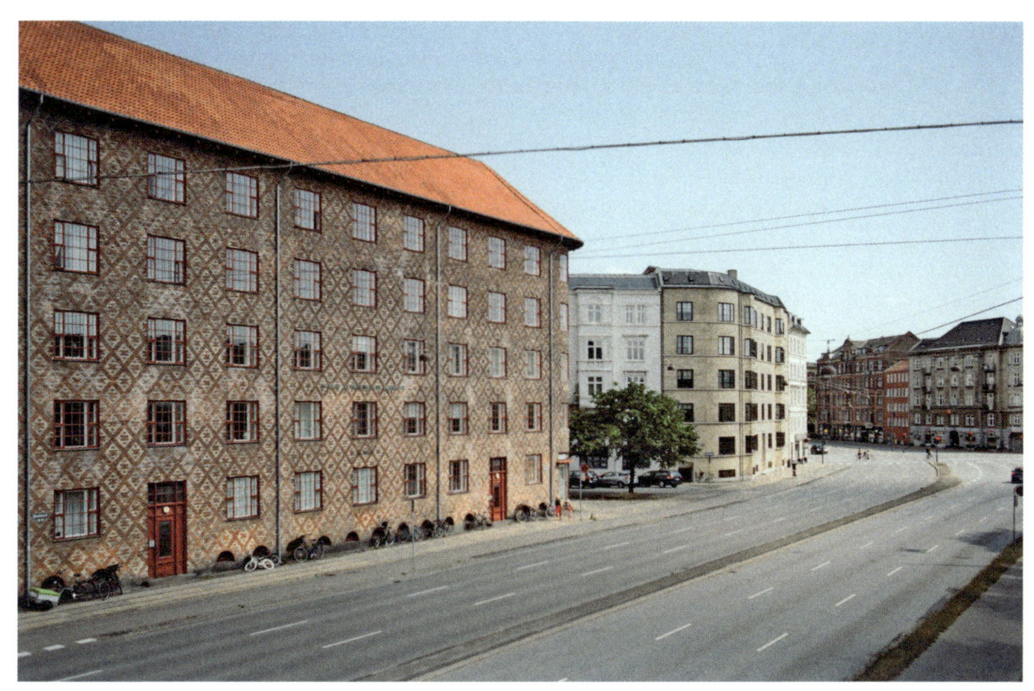

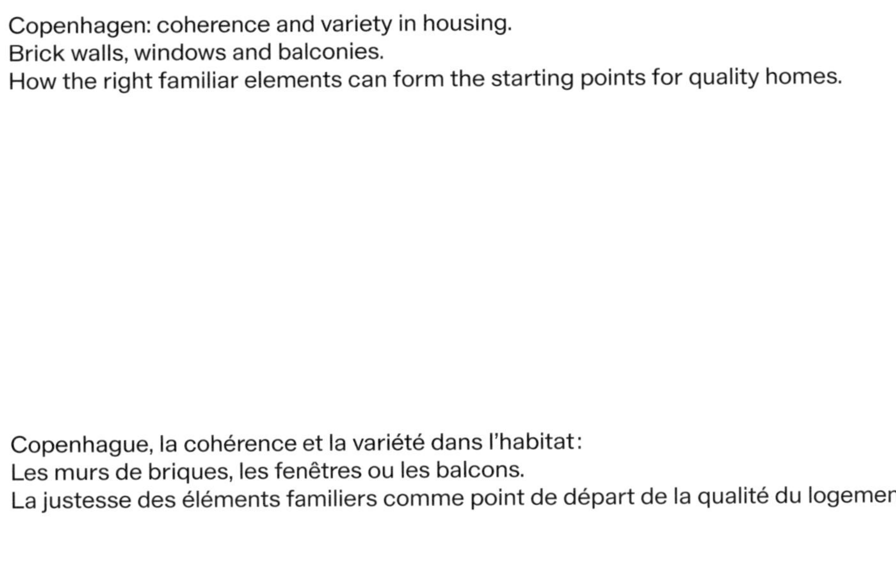

Copenhagen: coherence and variety in housing.
Brick walls, windows and balconies.
How the right familiar elements can form the starting points for quality homes.

Copenhague, la cohérence et la variété dans l'habitat :
Les murs de briques, les fenêtres ou les balcons.
La justesse des éléments familiers comme point de départ de la qualité du logement.

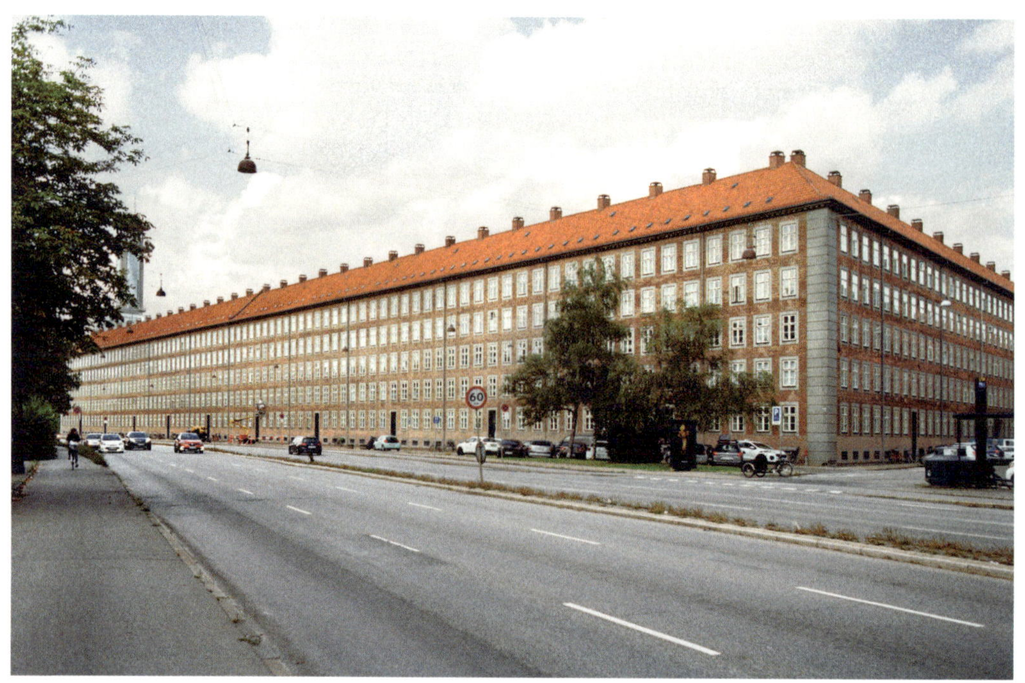
60

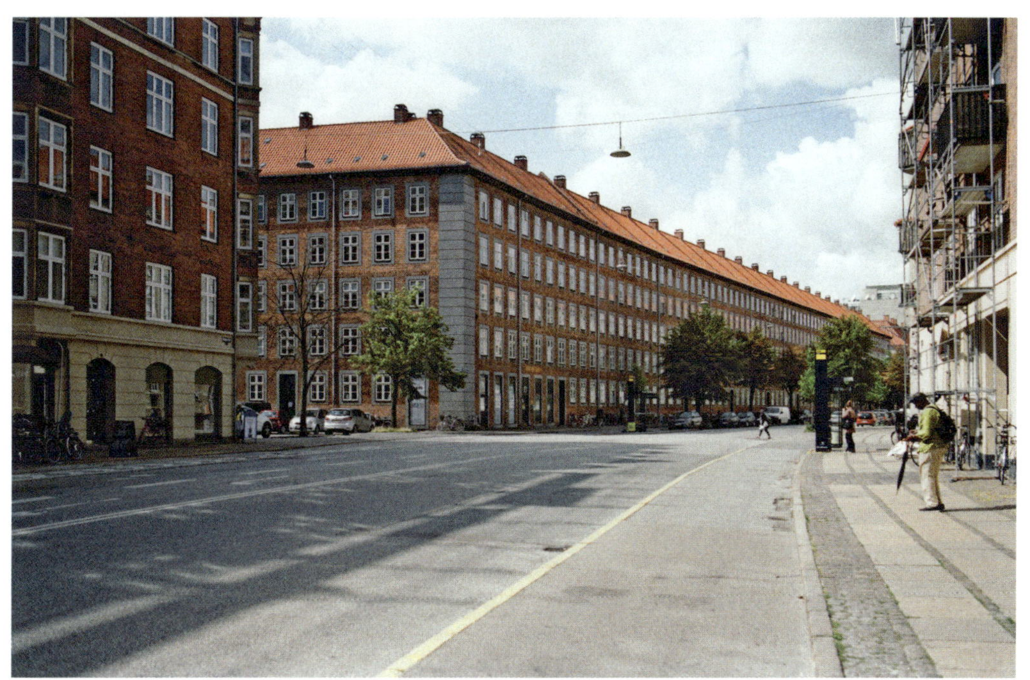

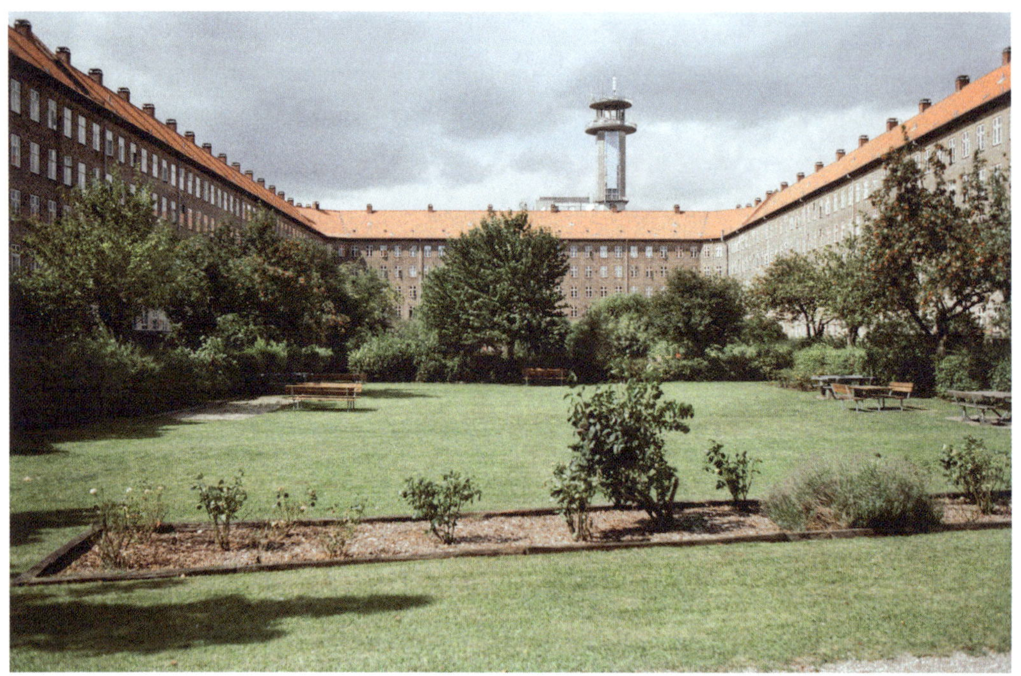

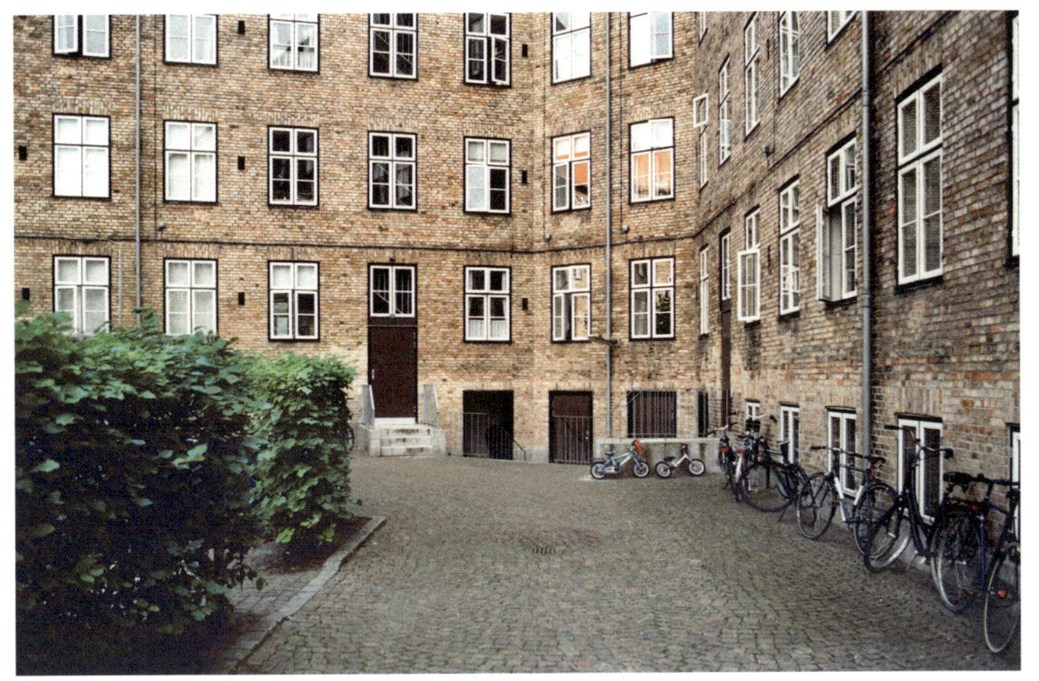

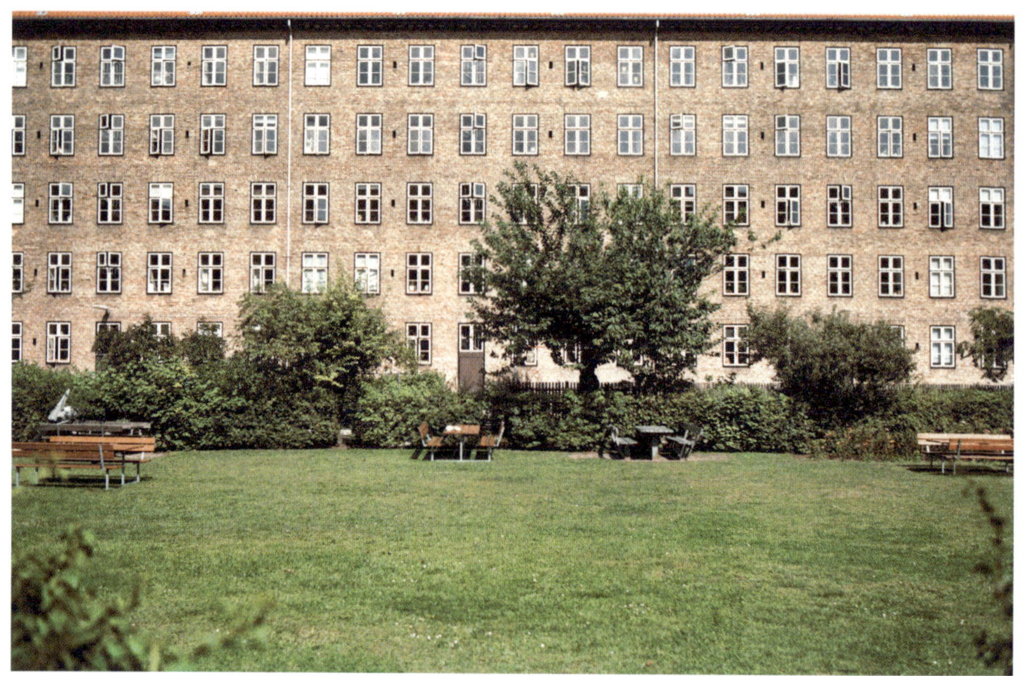

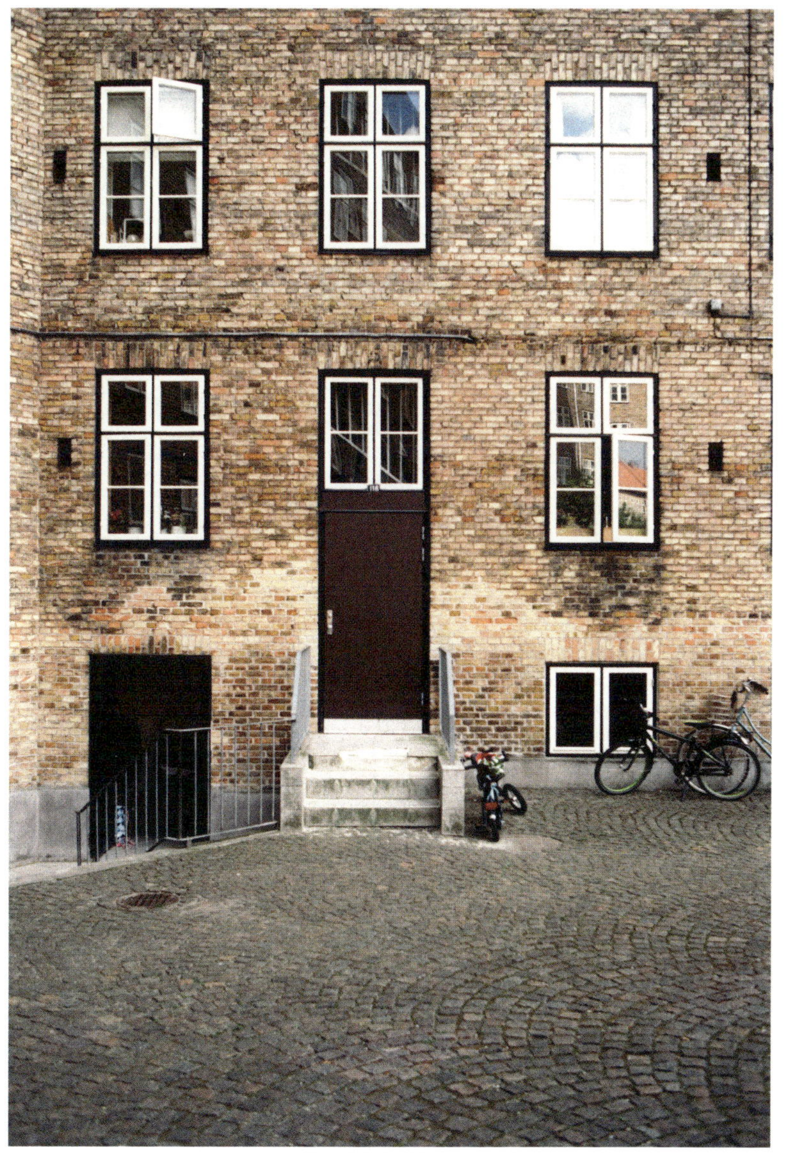

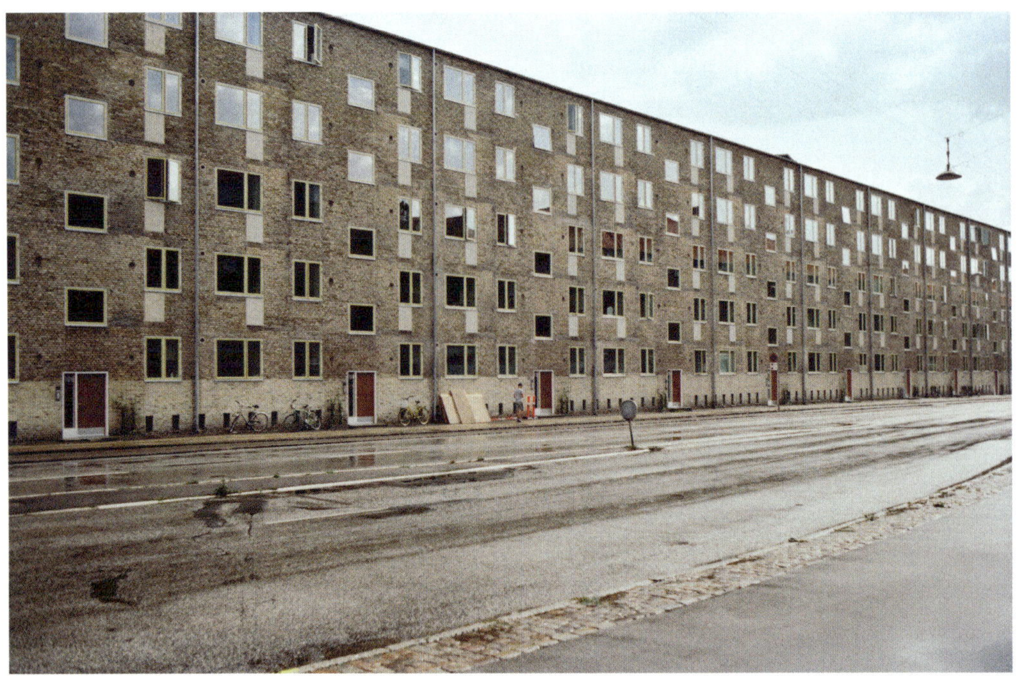

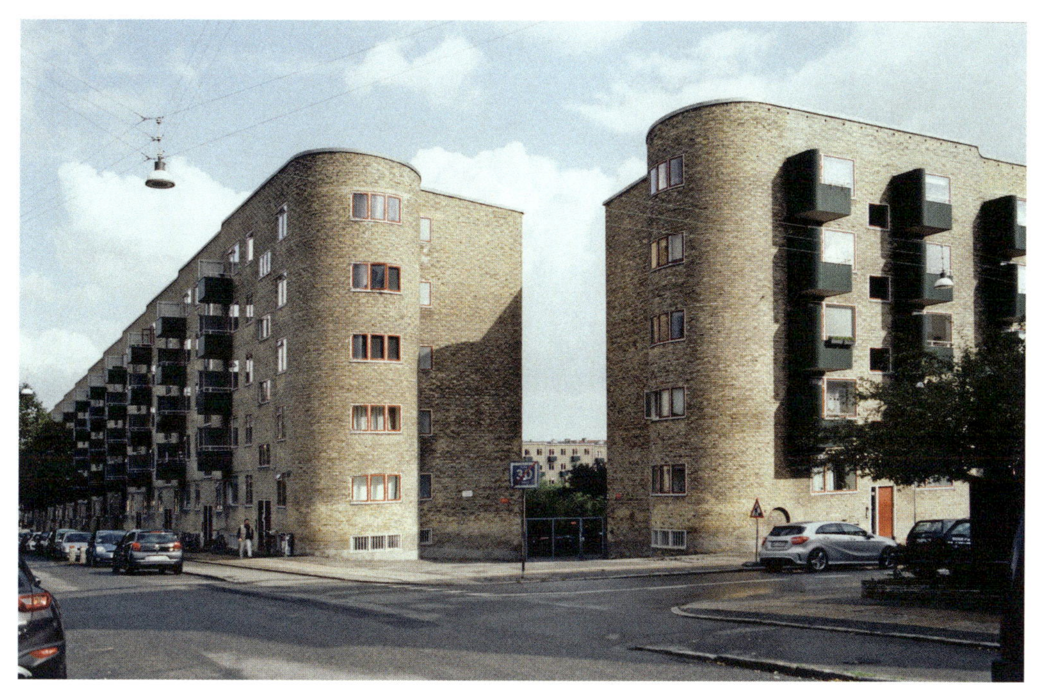

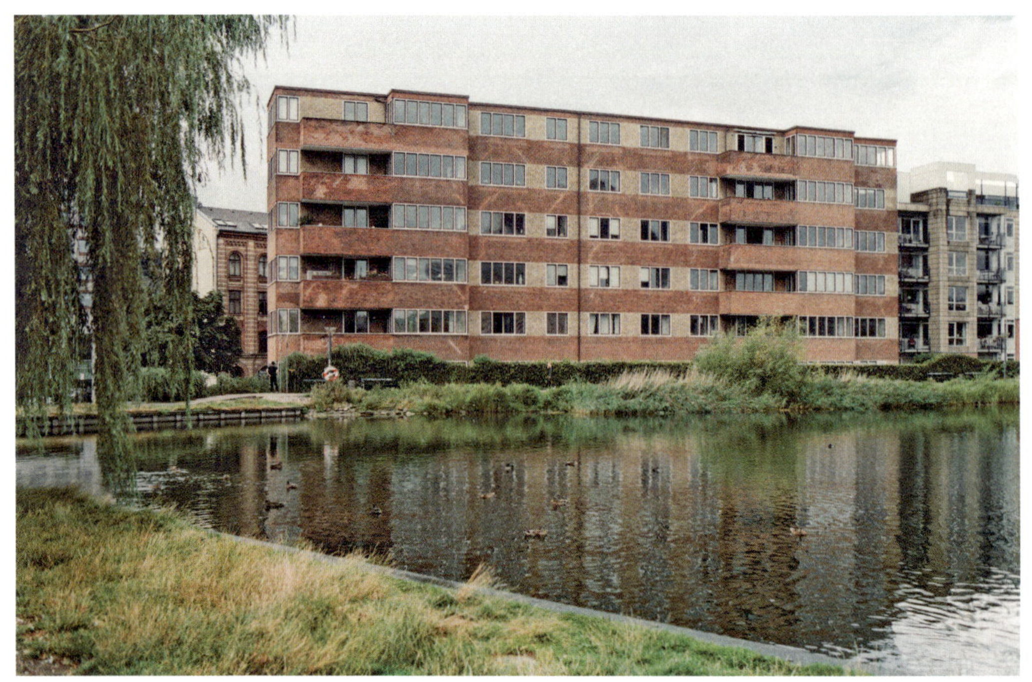

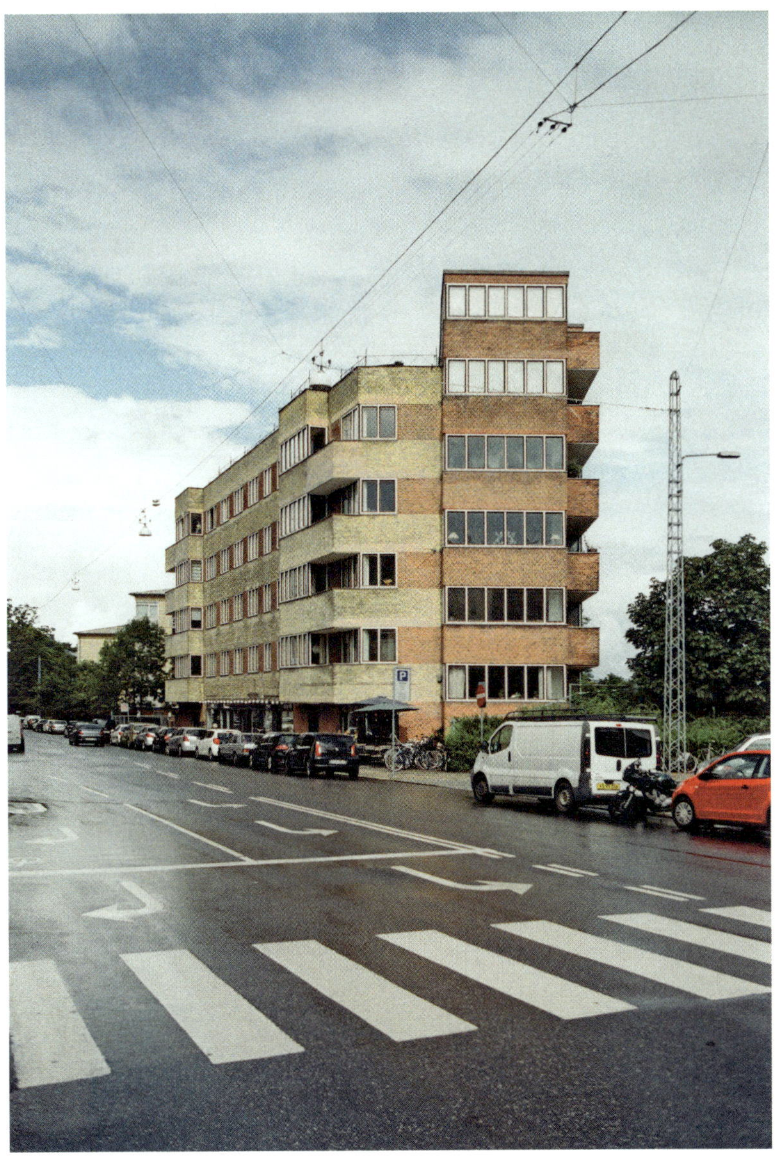
P

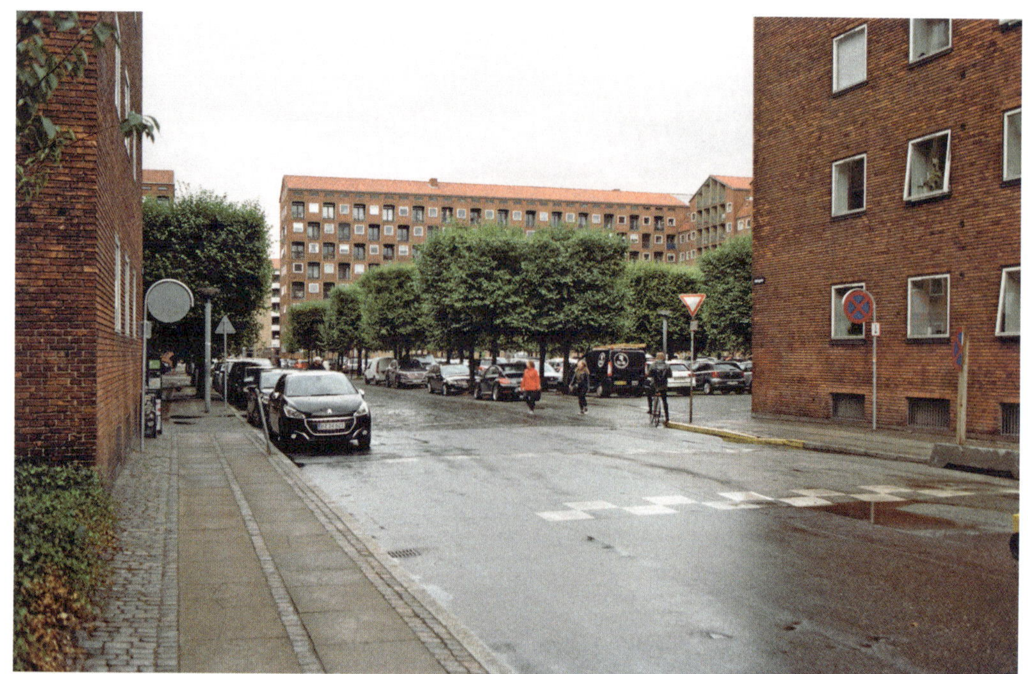

62

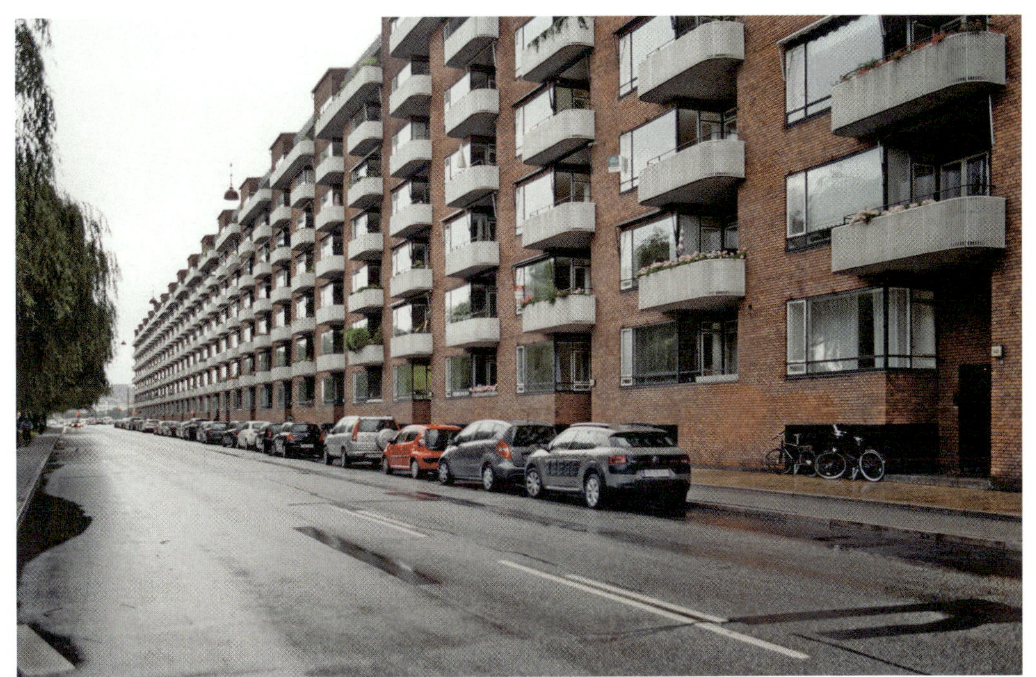

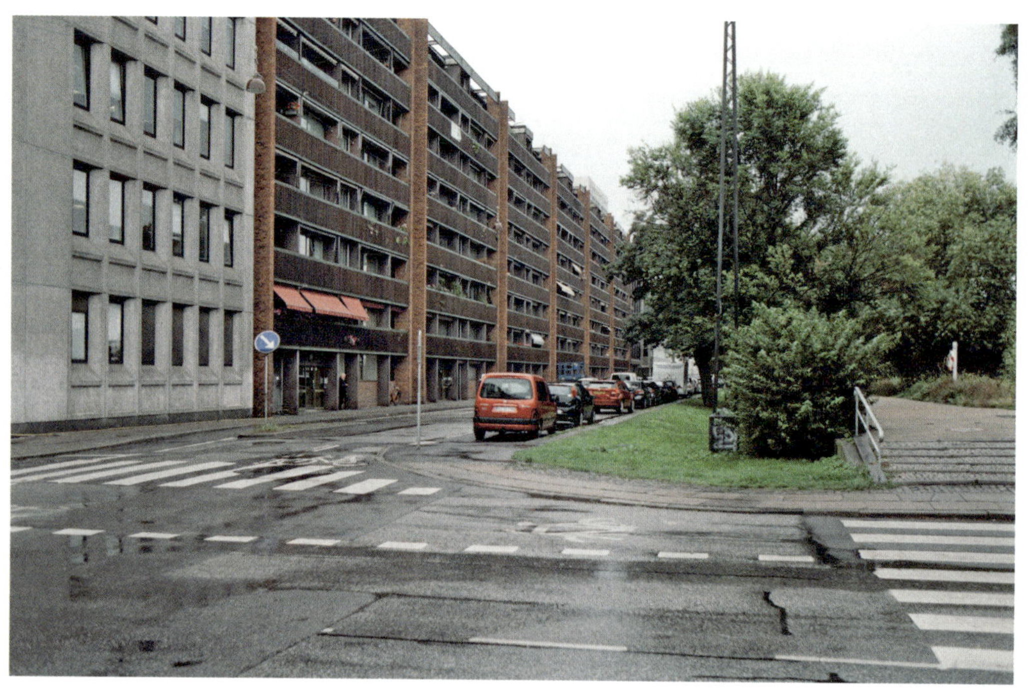

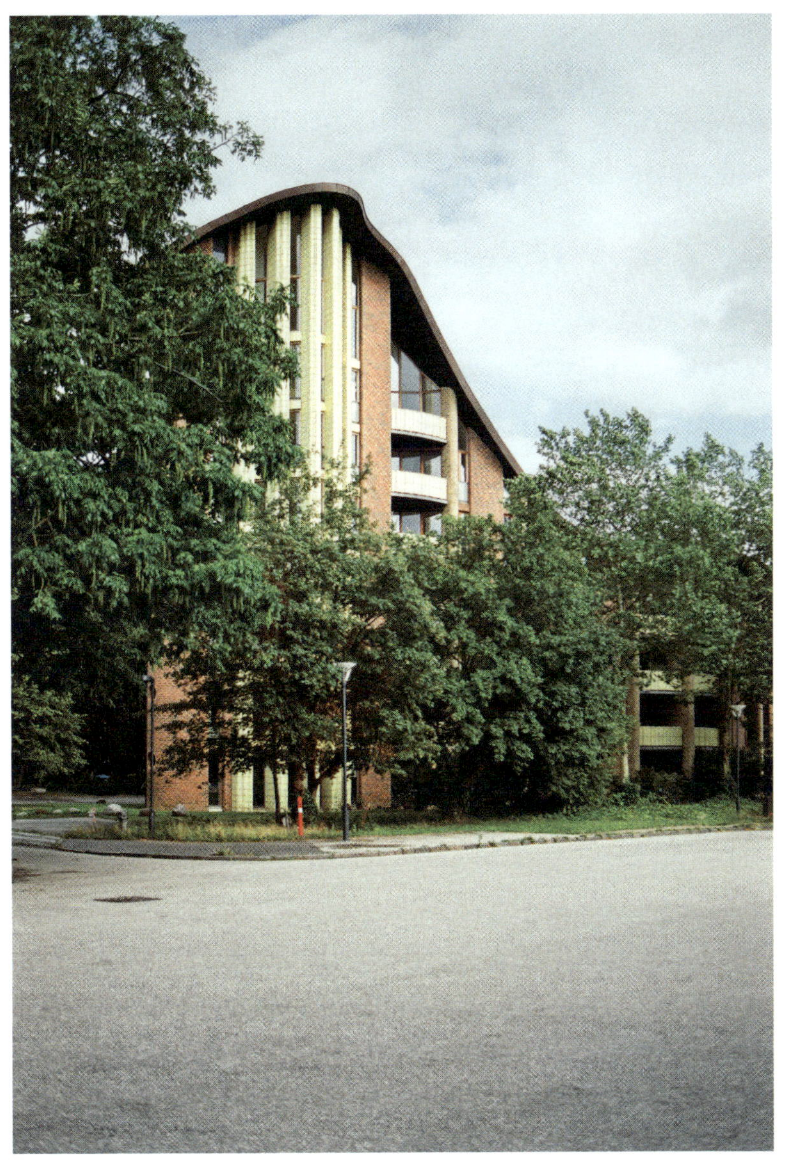

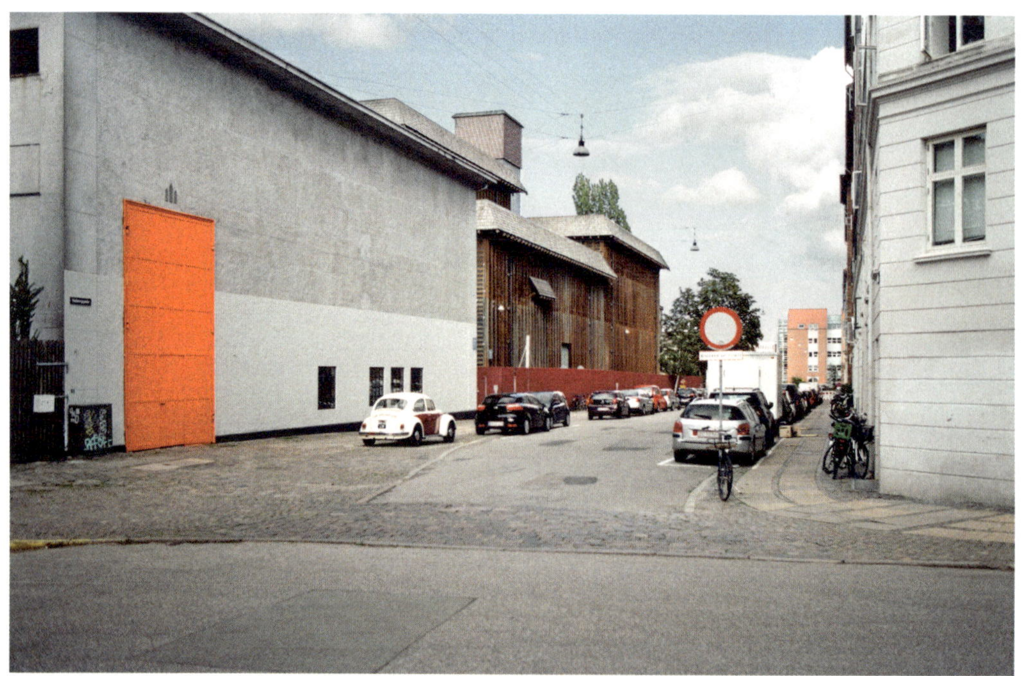

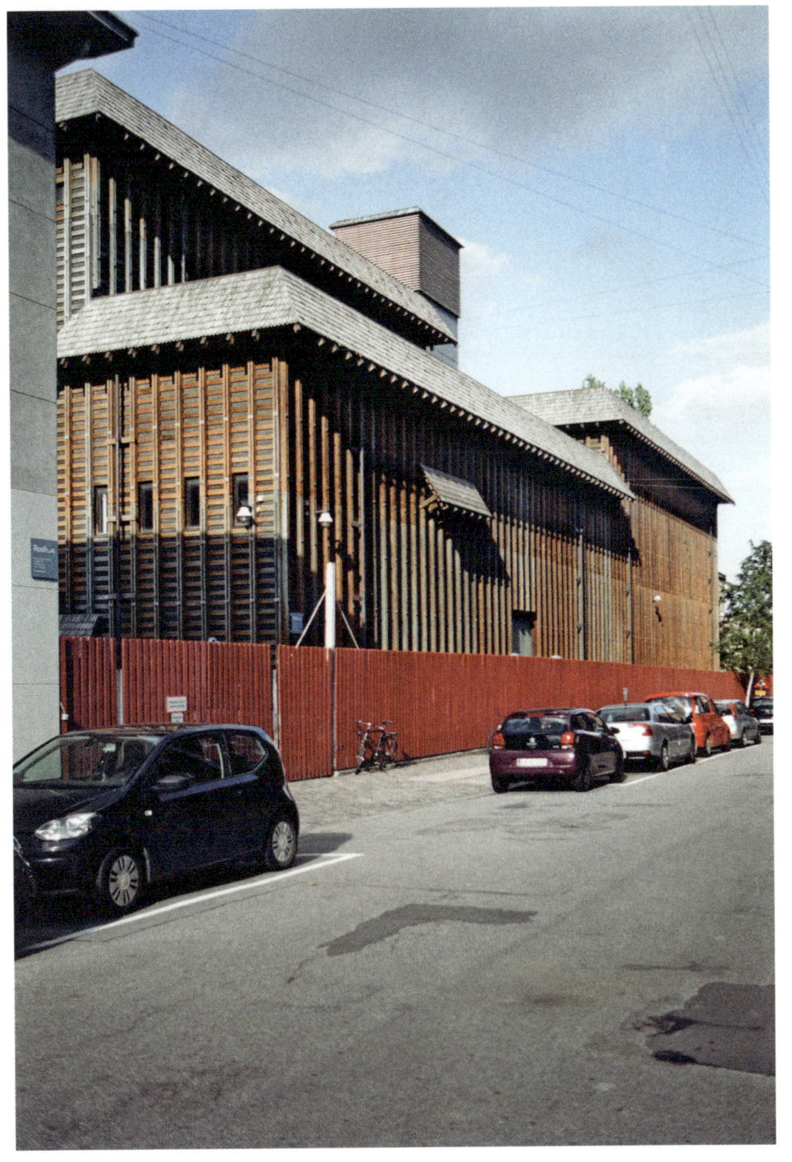

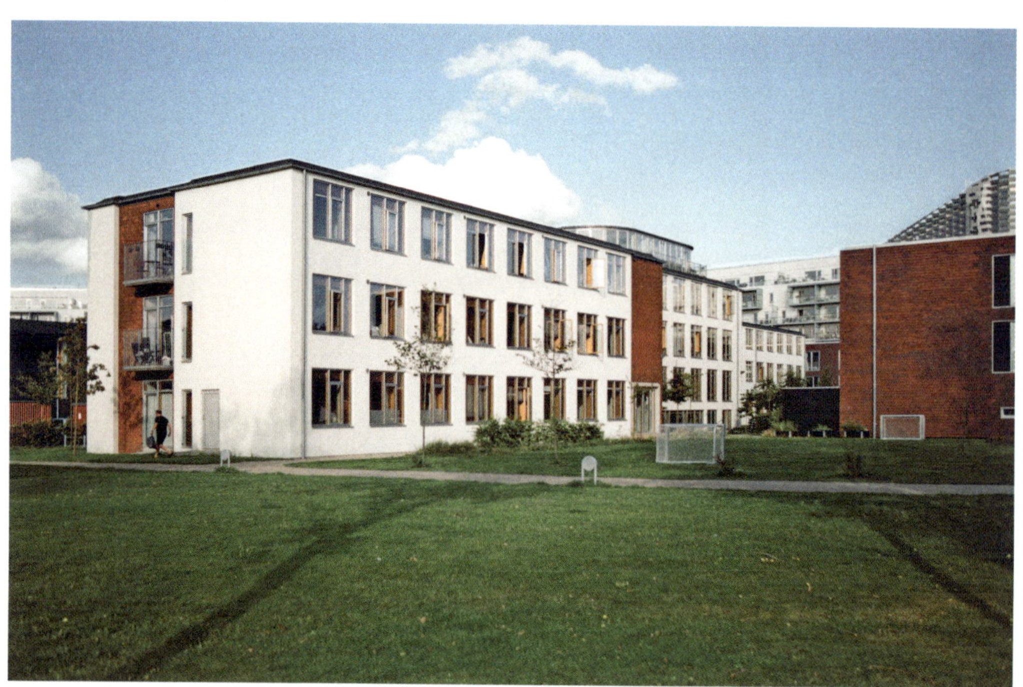

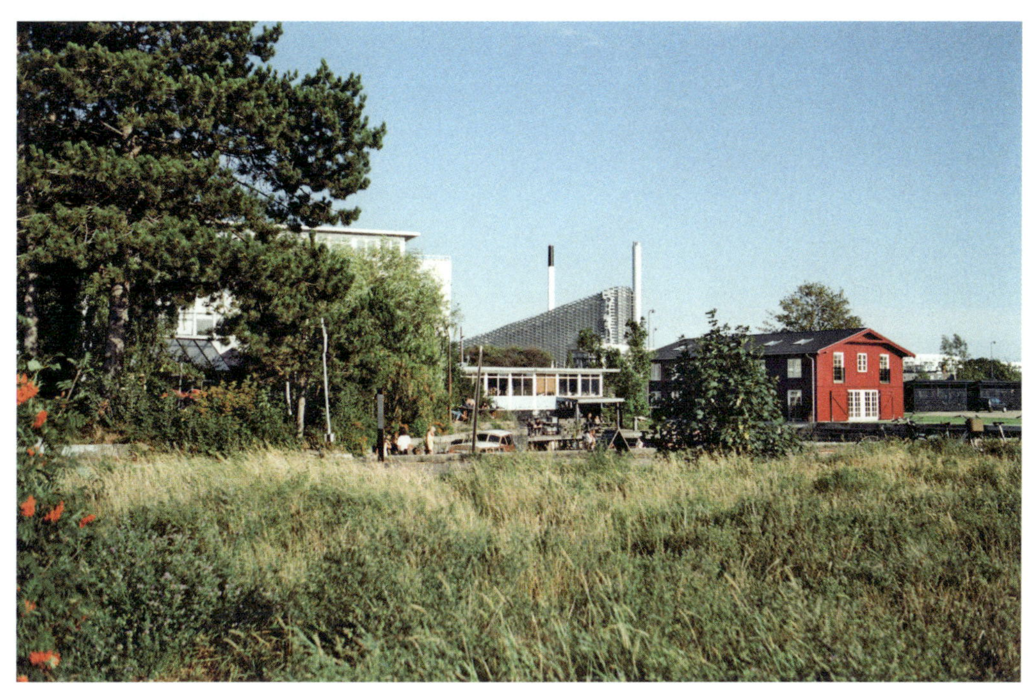

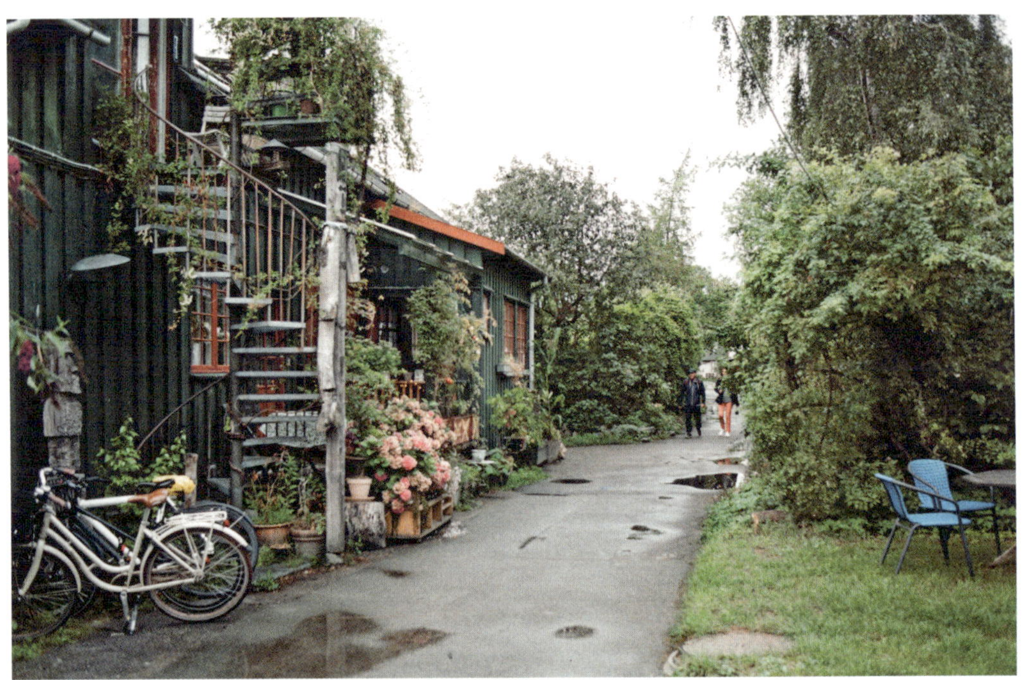

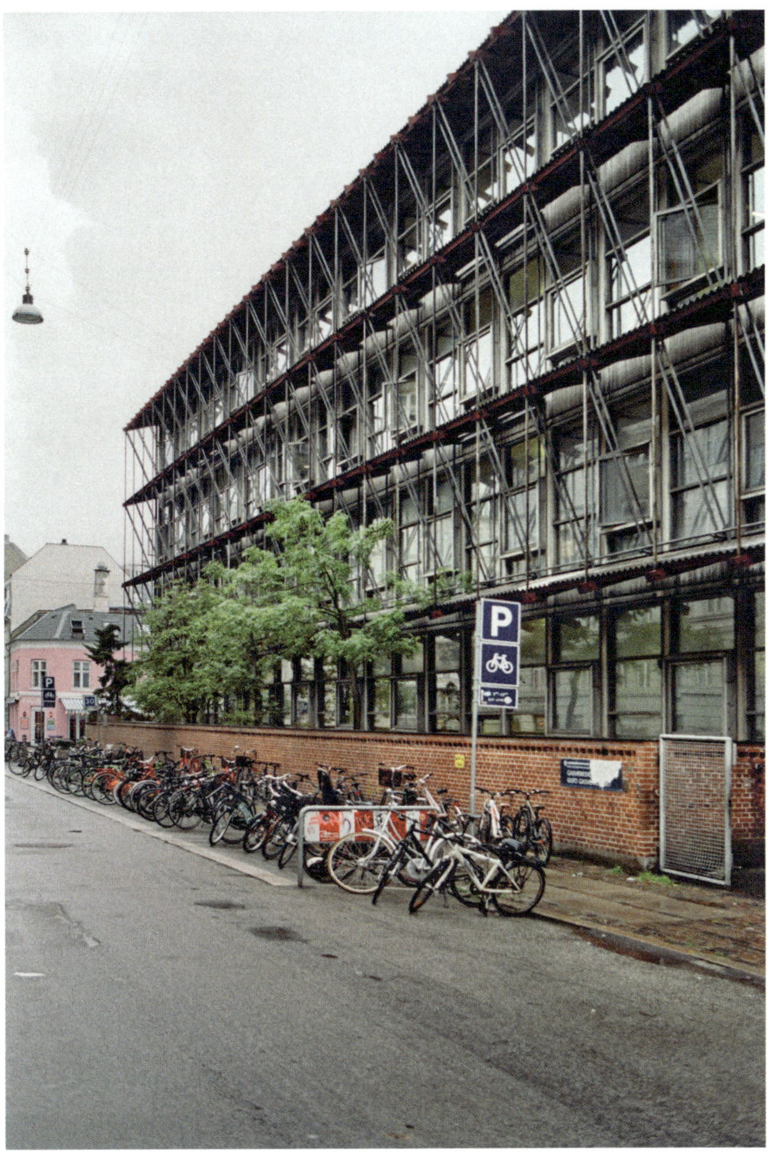
P

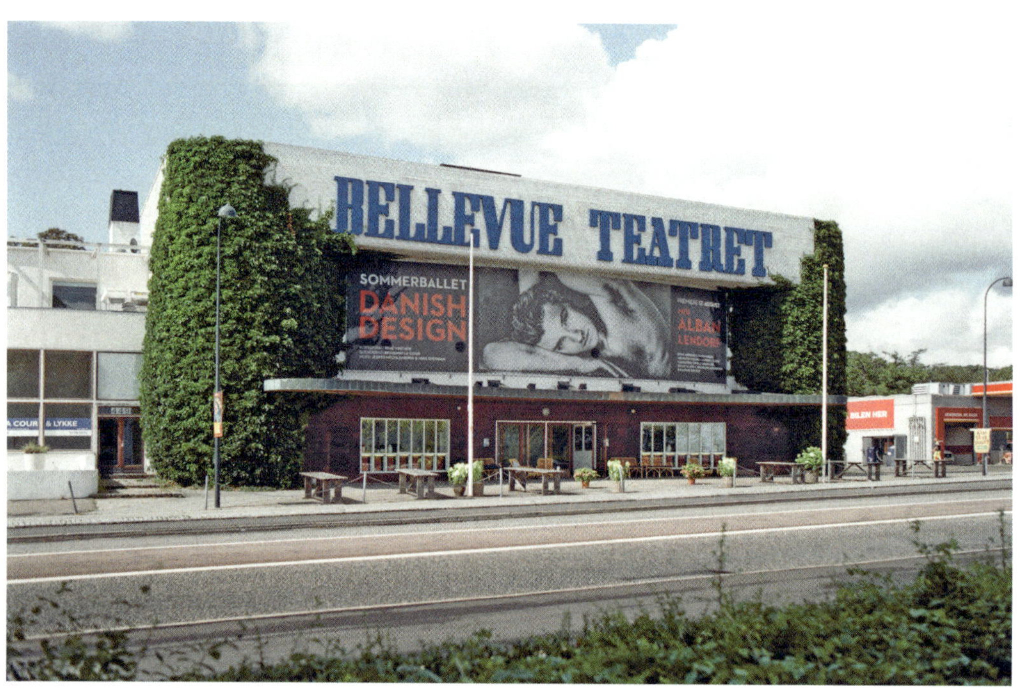
BELLEVUE TEATRET
SOMMERBALLET
DANISH DESIGN
ALBAN
BILEN HER

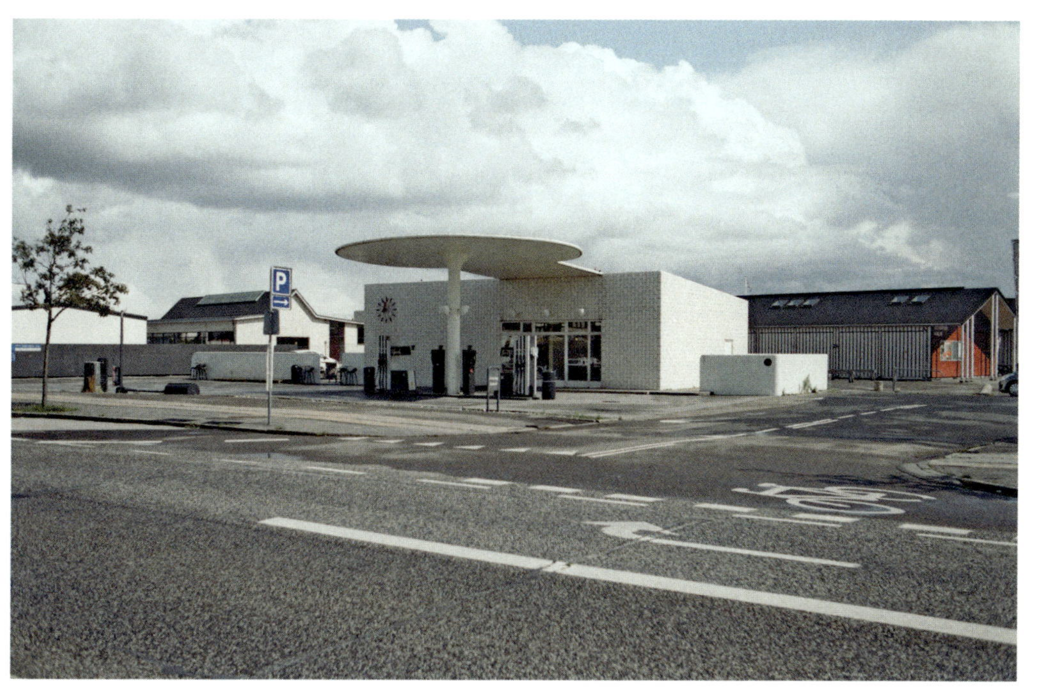
P

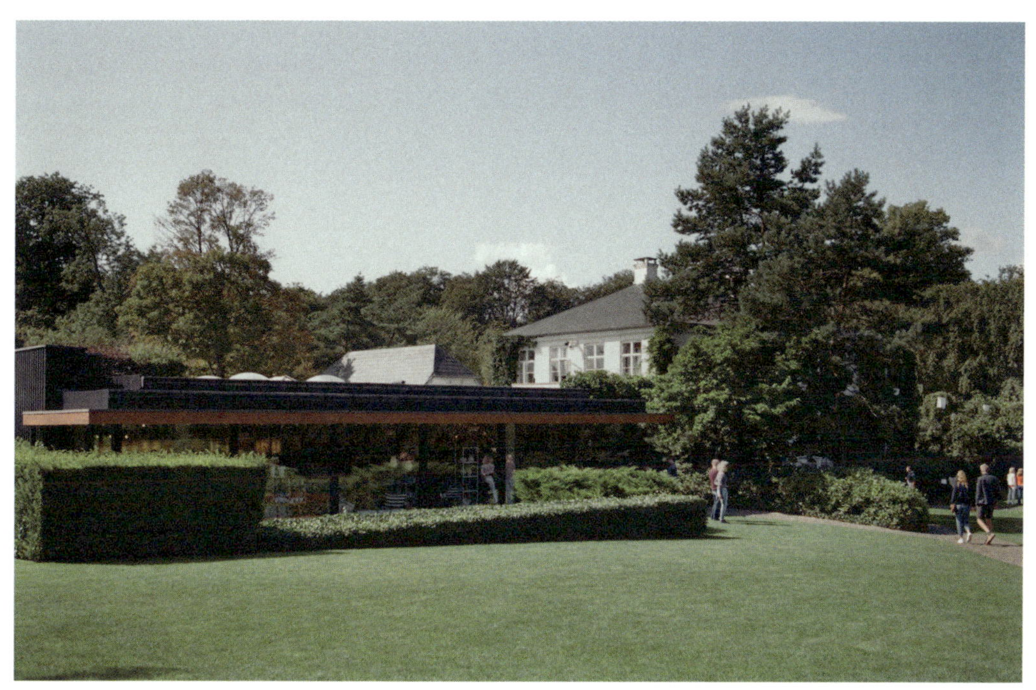

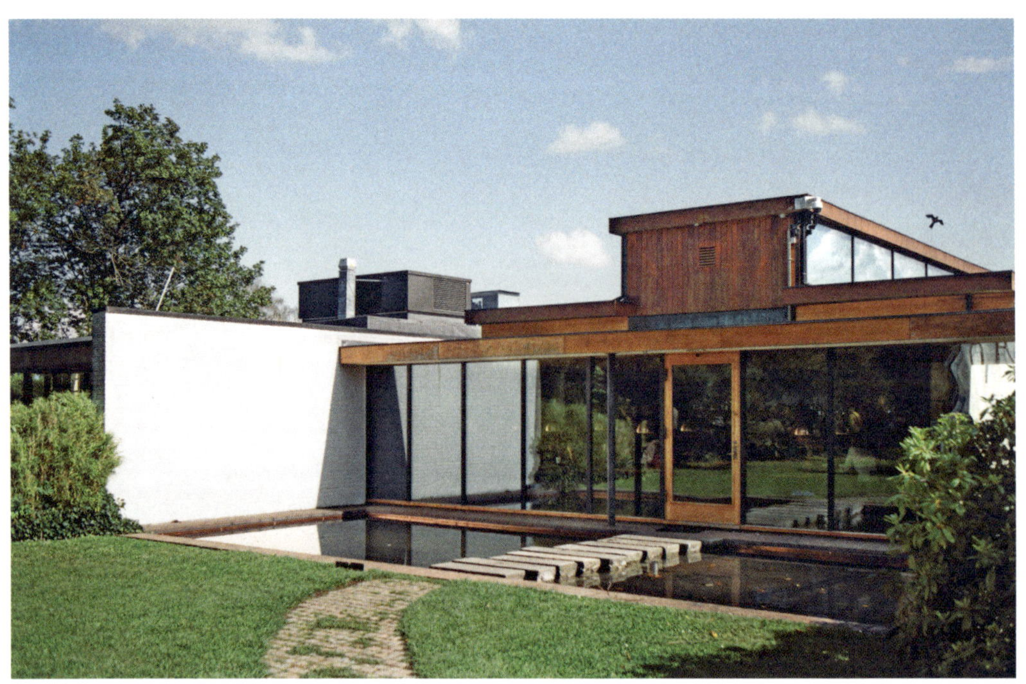

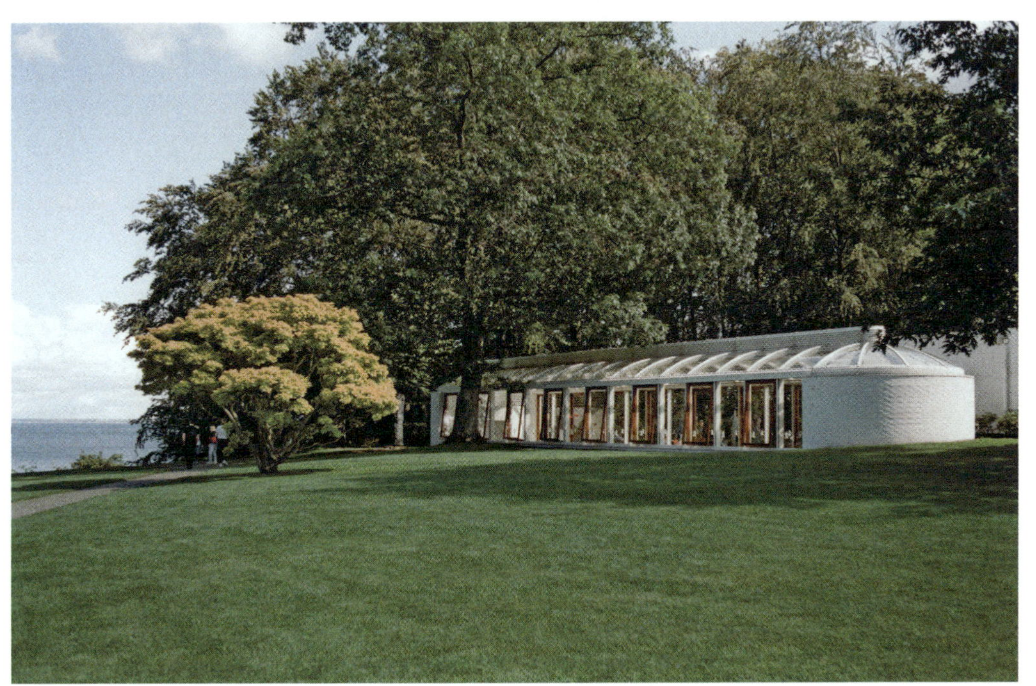

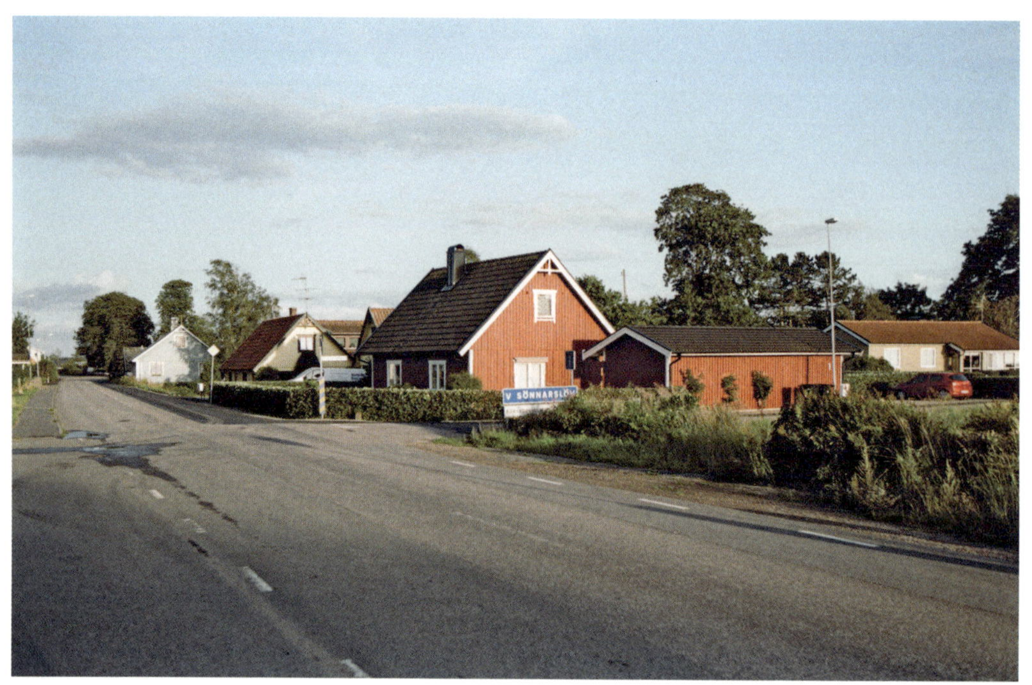
V SÖNNARSLÖV

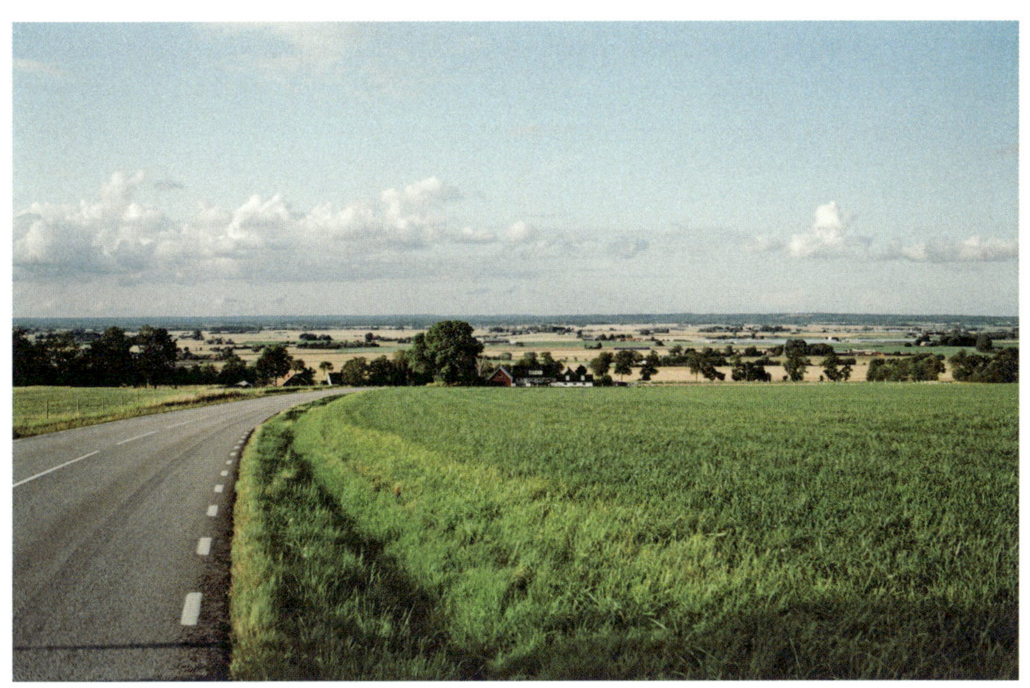

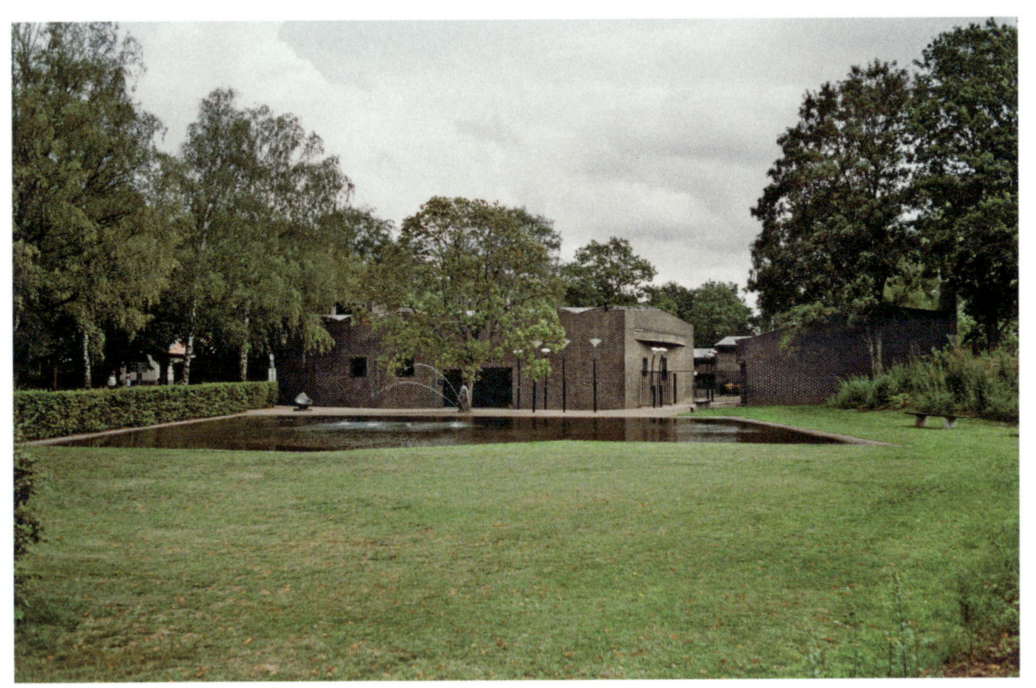

Essentialising the act of building:
Reducing the construction process to its essential elements
to create locales and buildings that are intelligible and give rise to emotions.

Essentialiser l'acte de construire :
Réduire le processus de construction aux éléments essentiels afin de réaliser des lieux
et des bâtiments intelligibles, source d'émotions.

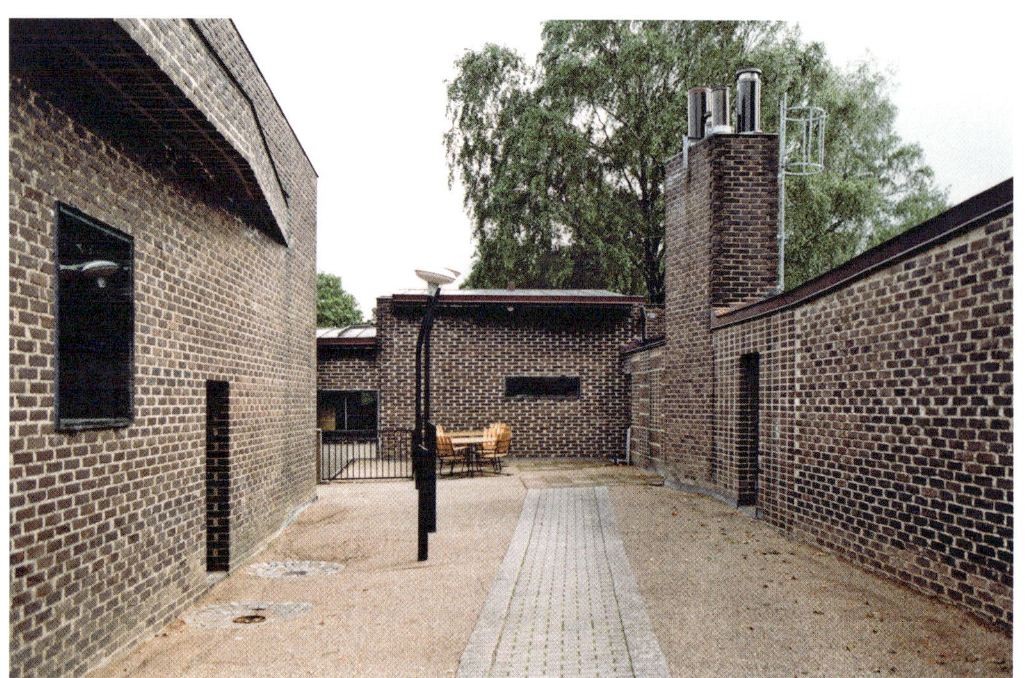

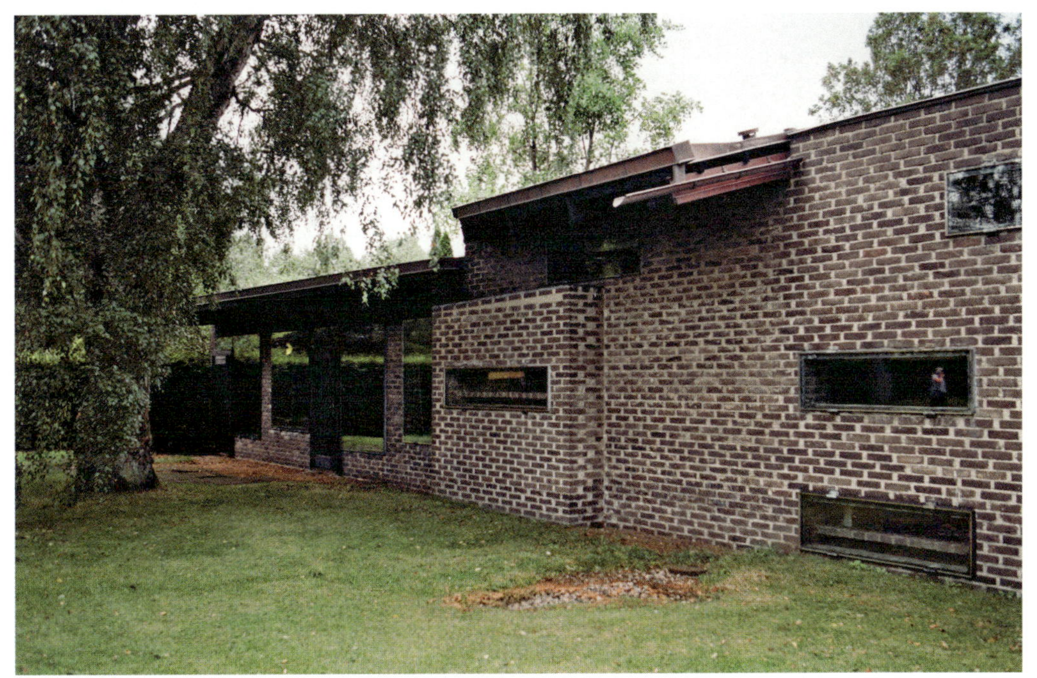

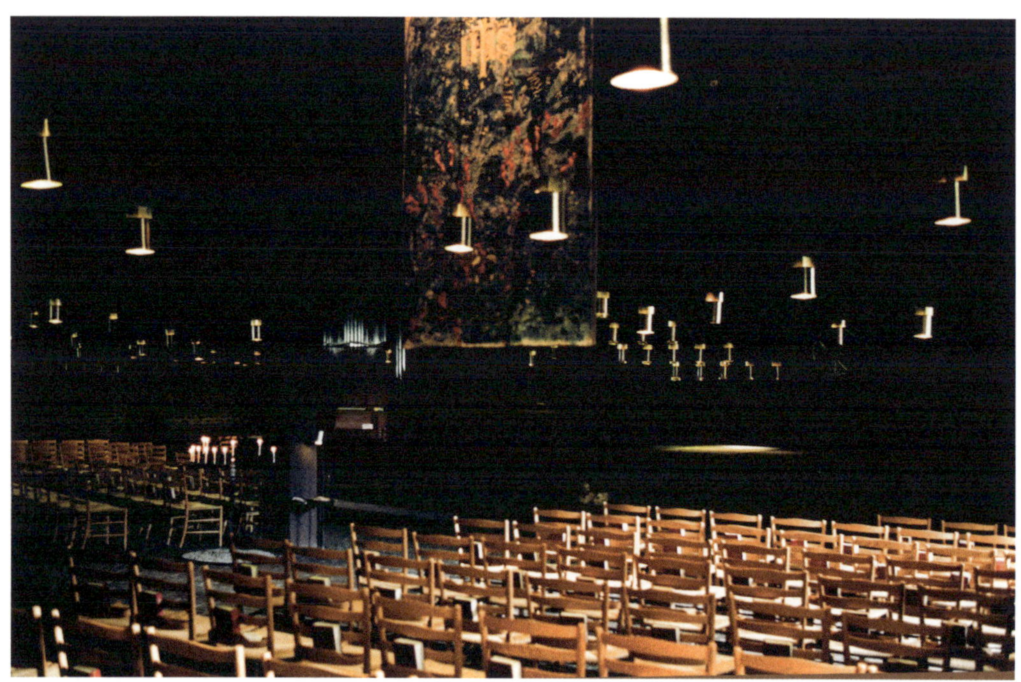

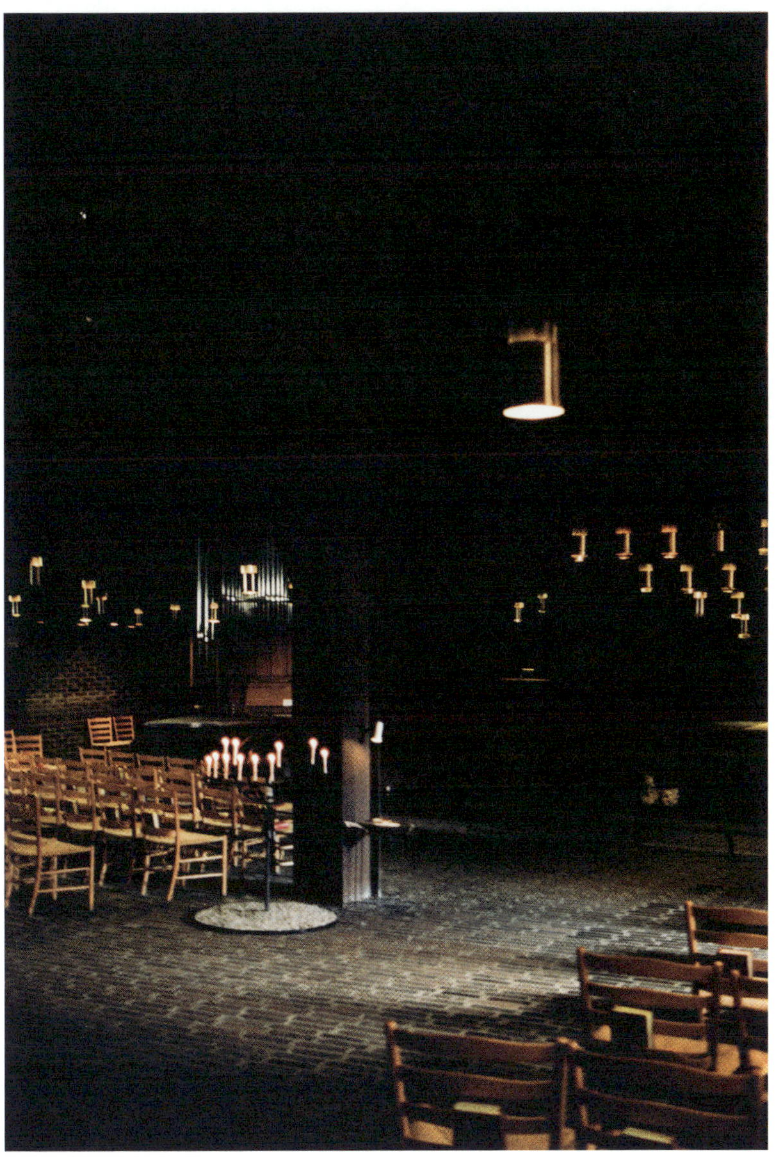

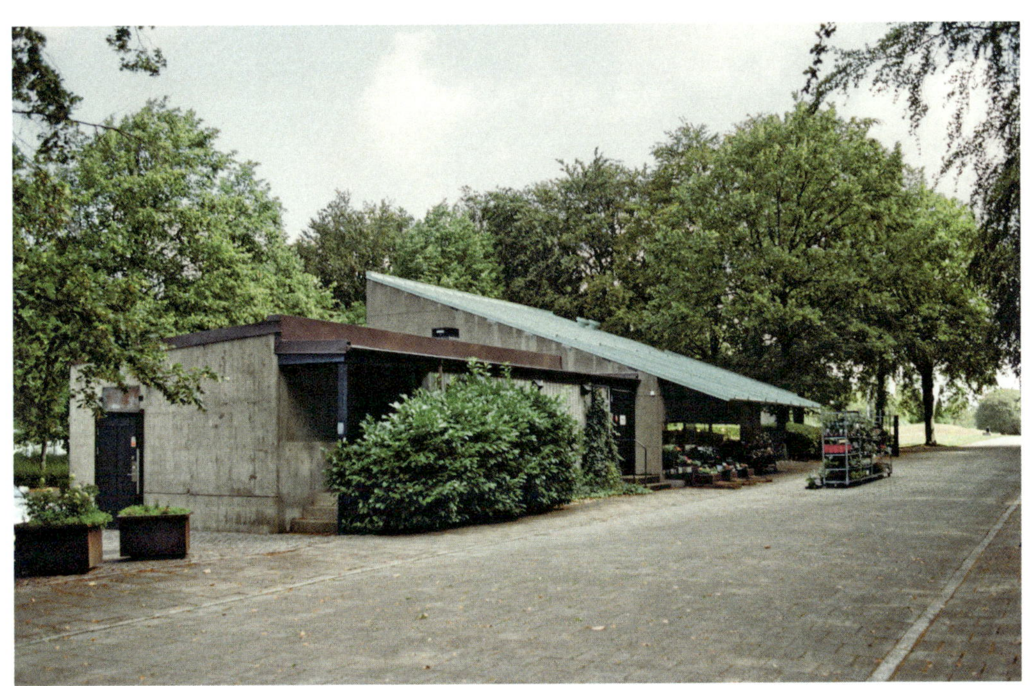

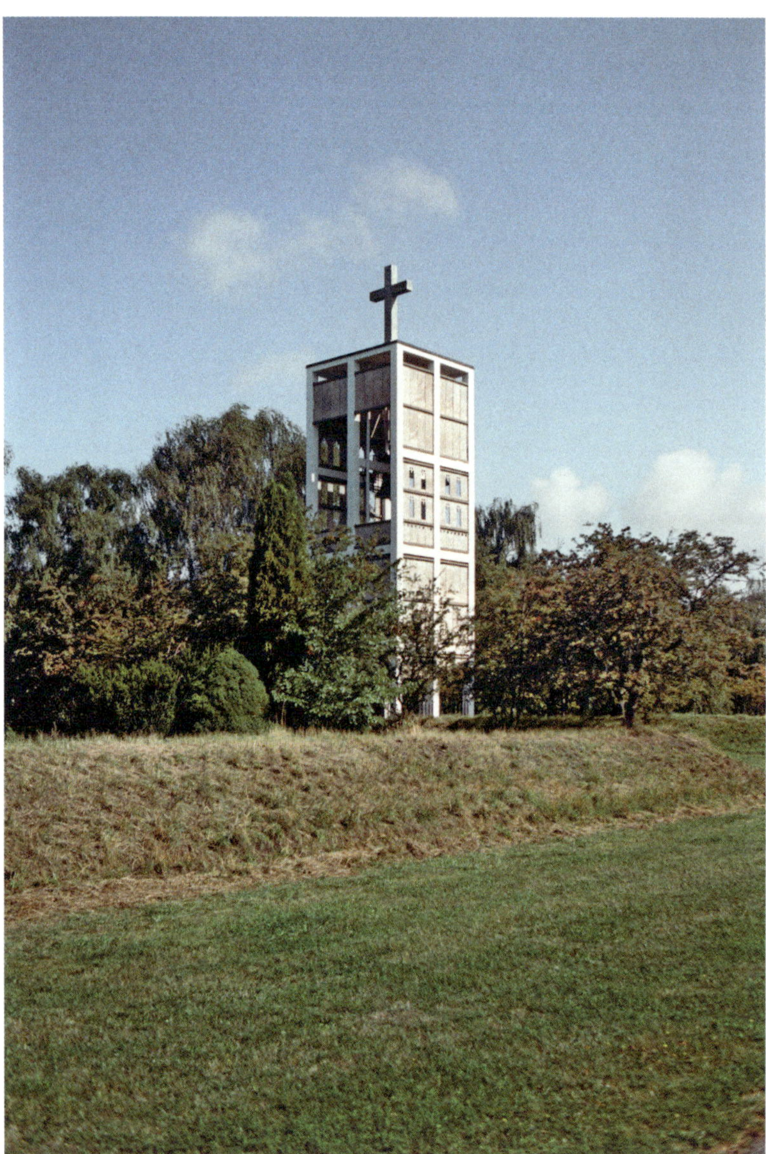

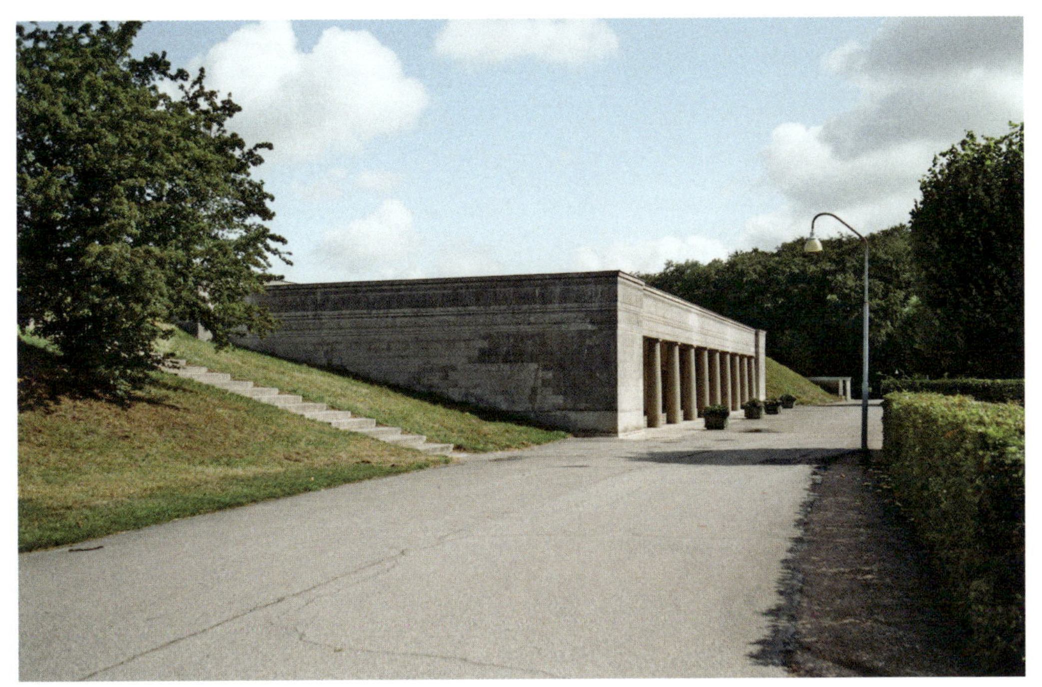

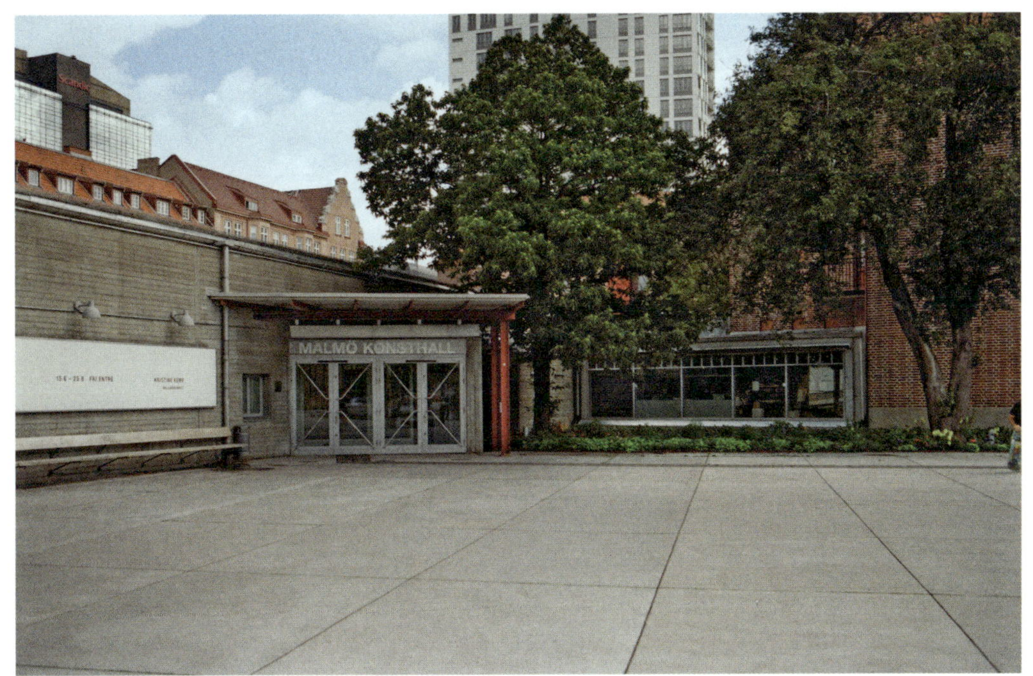
MALMÖ KONSTHALL

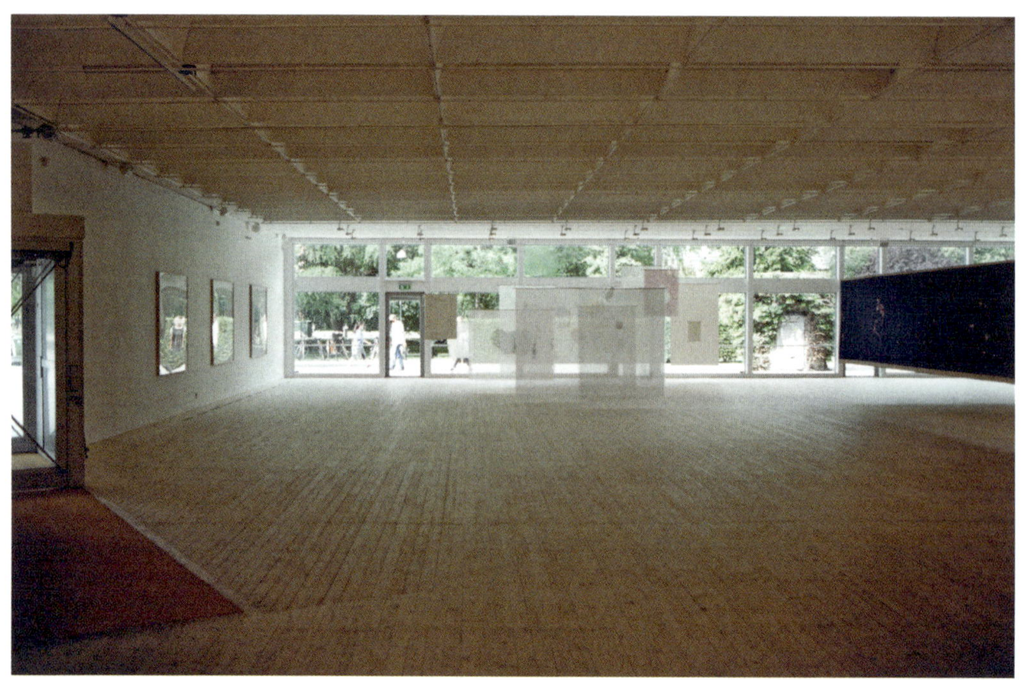

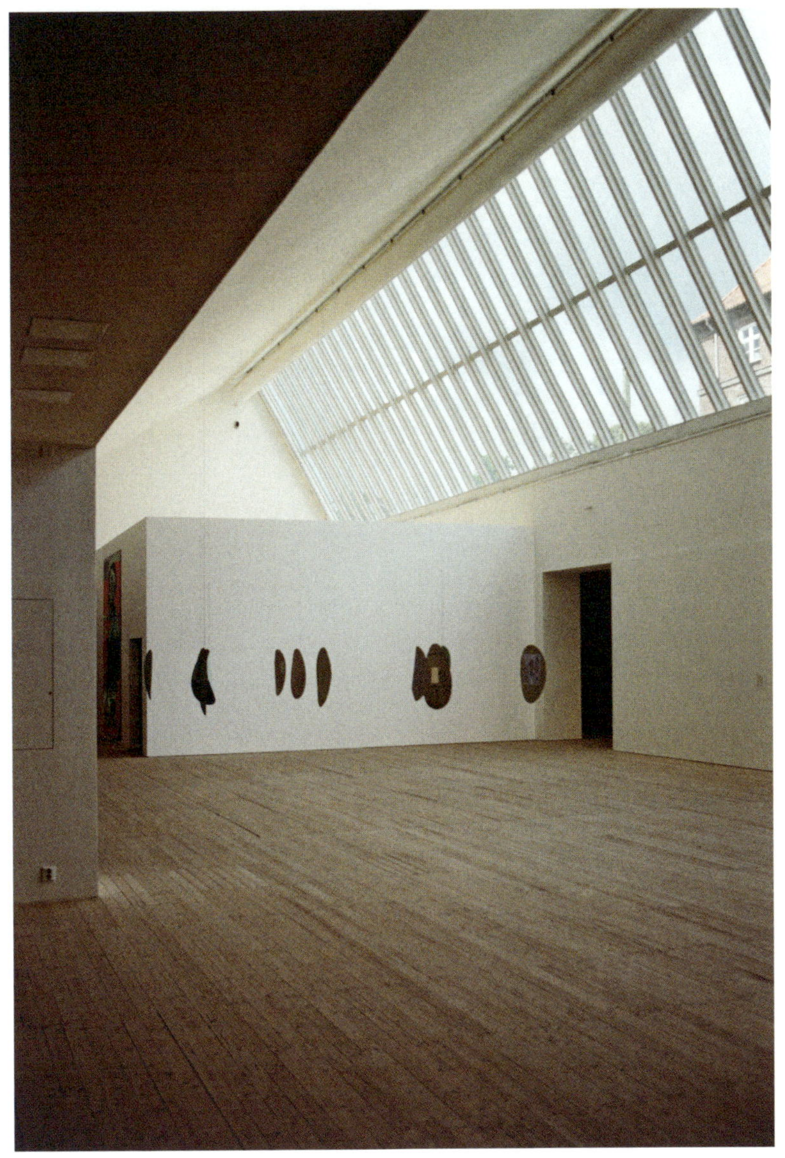

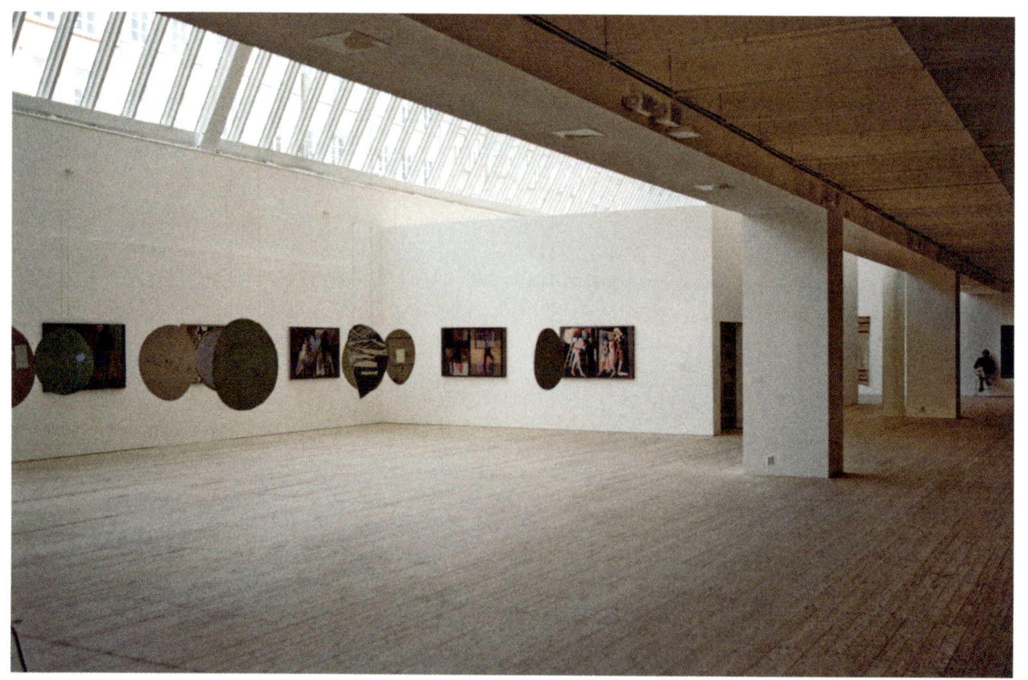

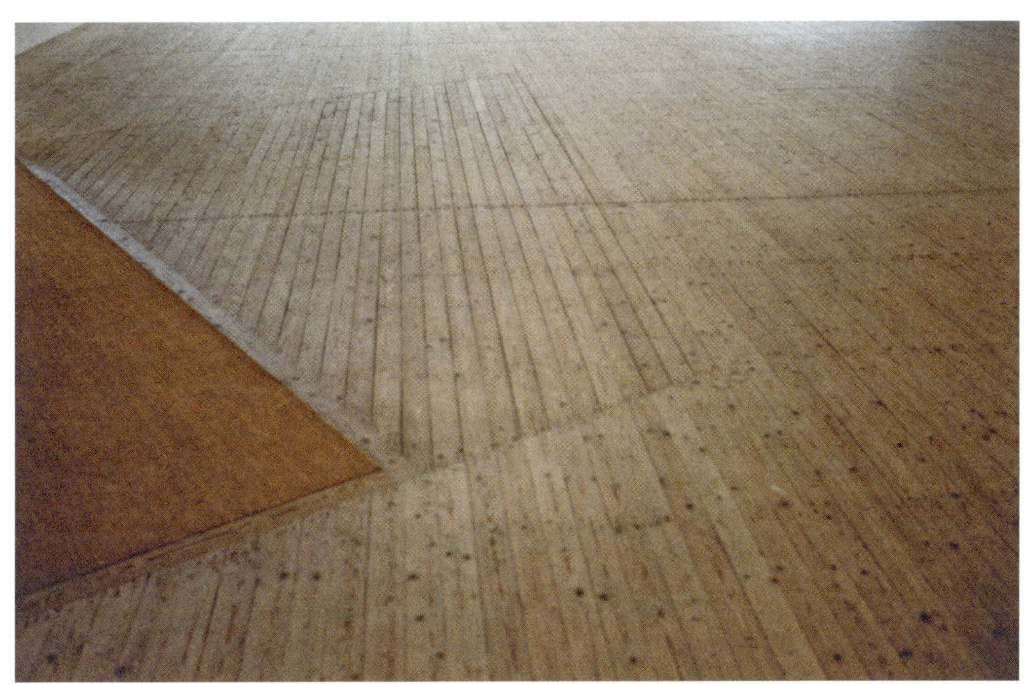

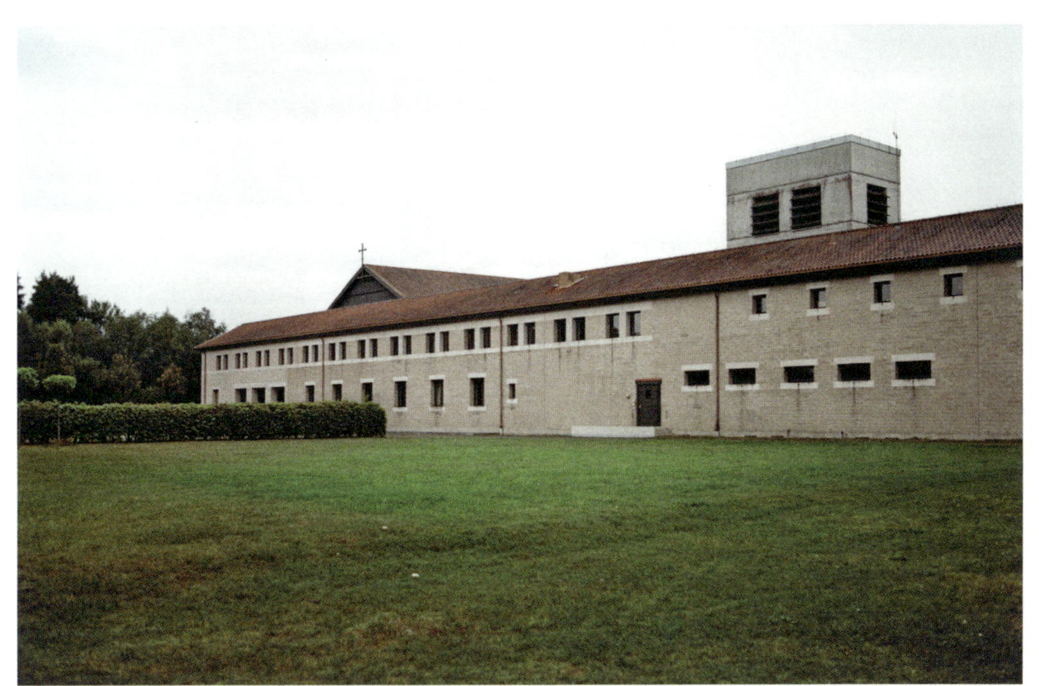

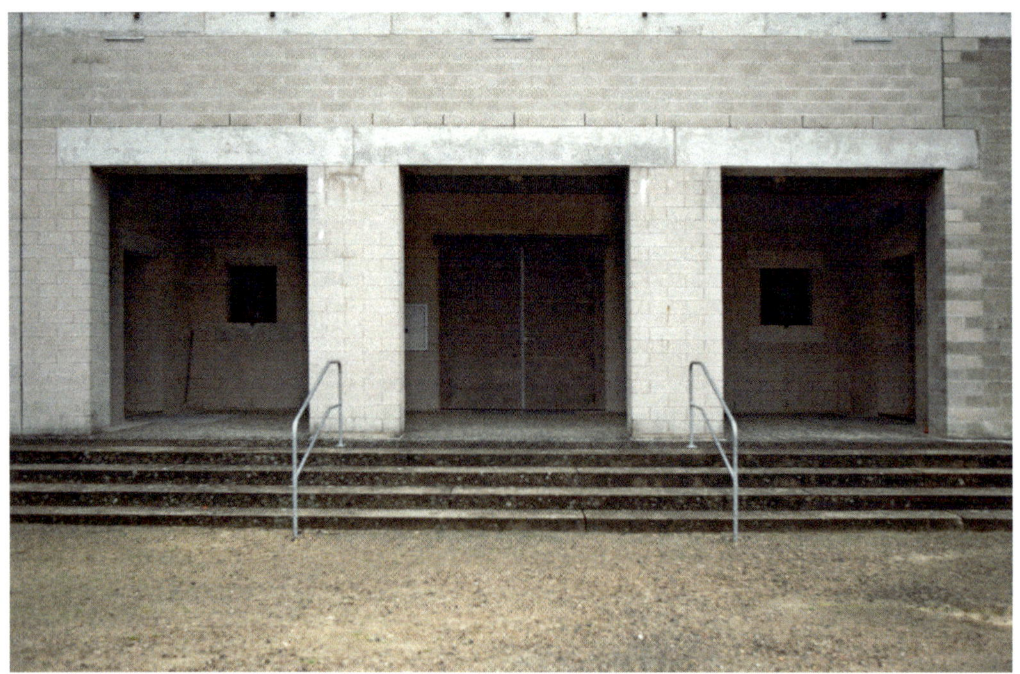

100

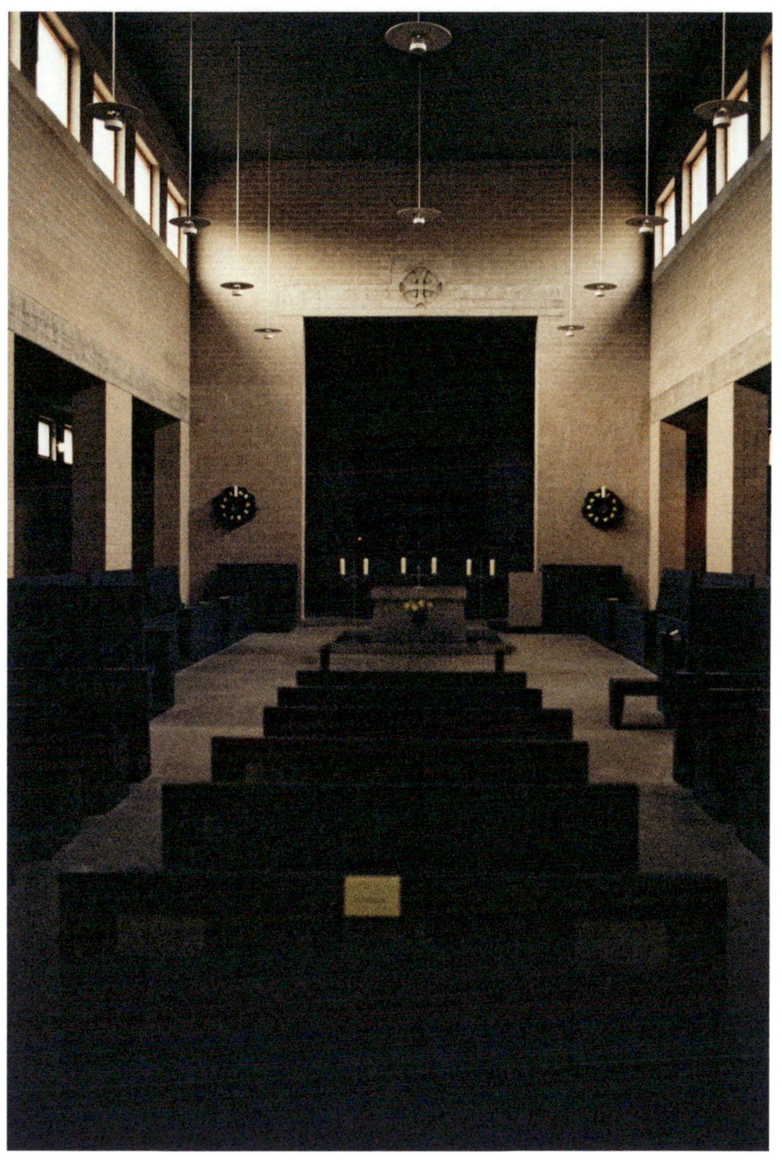

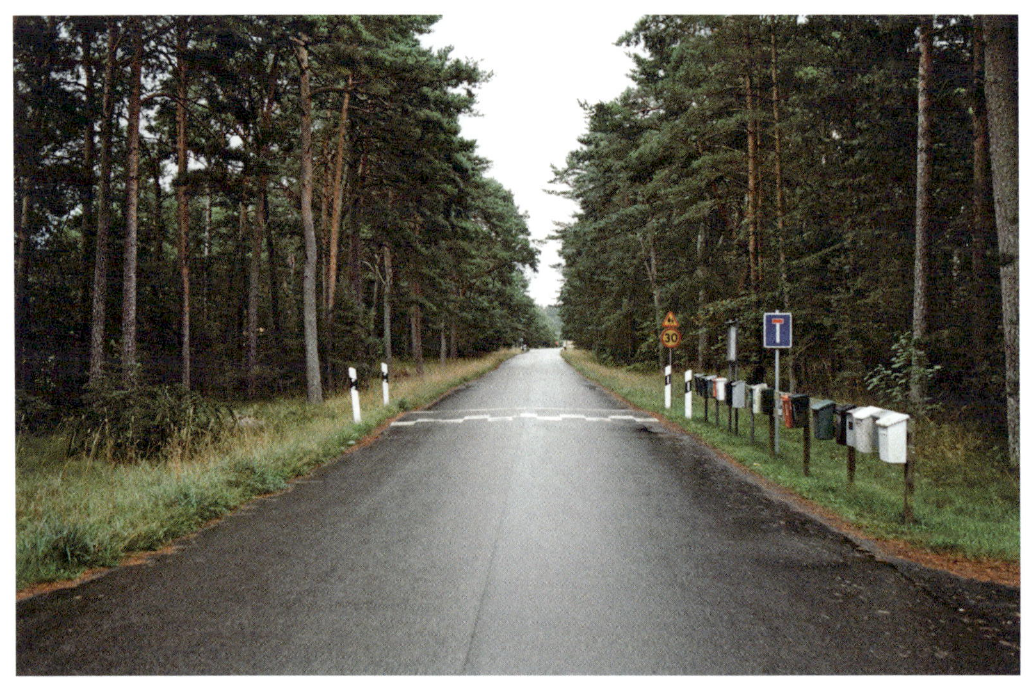
30

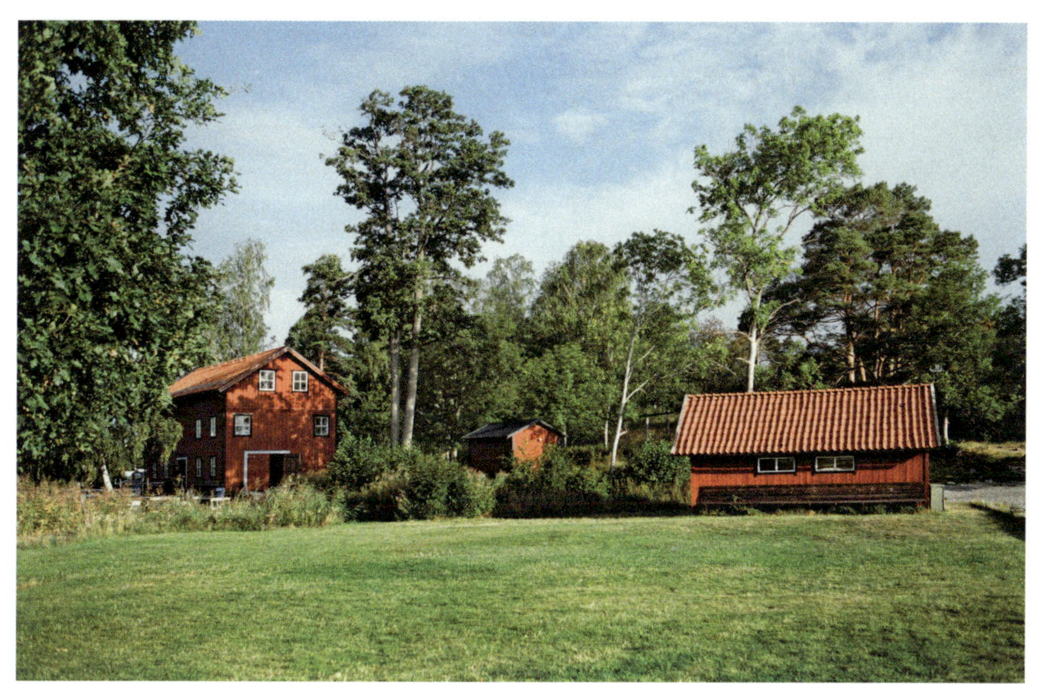

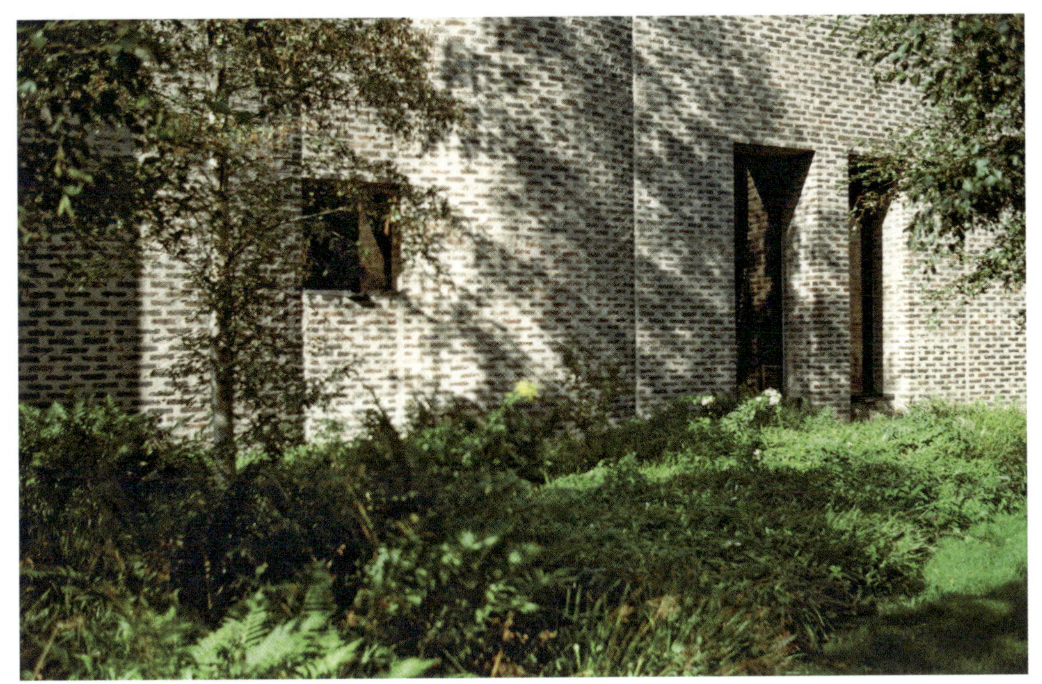

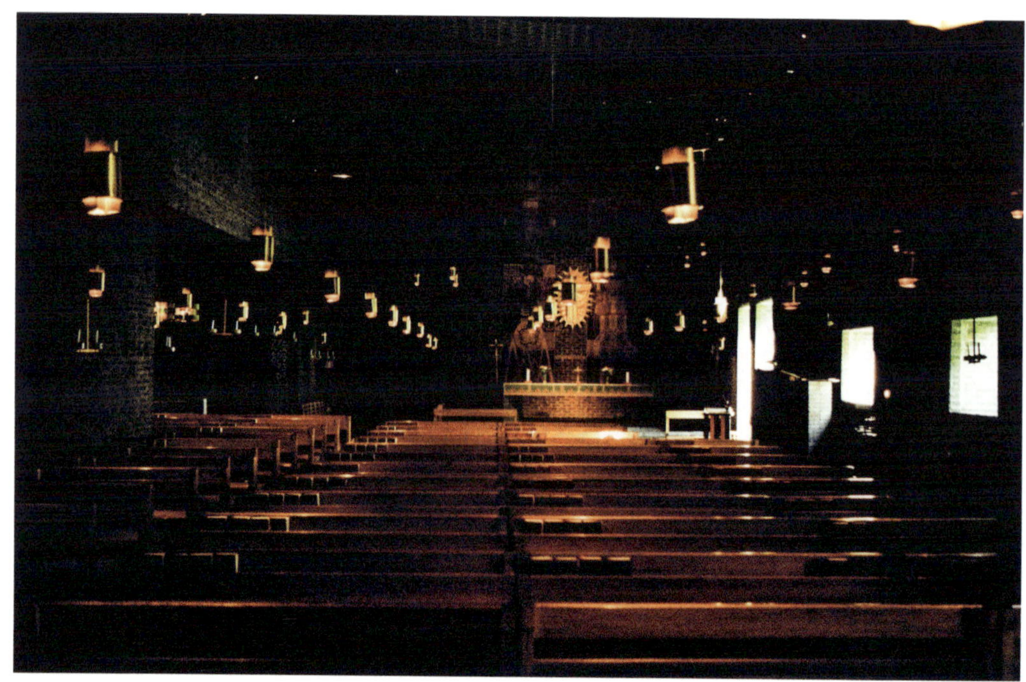

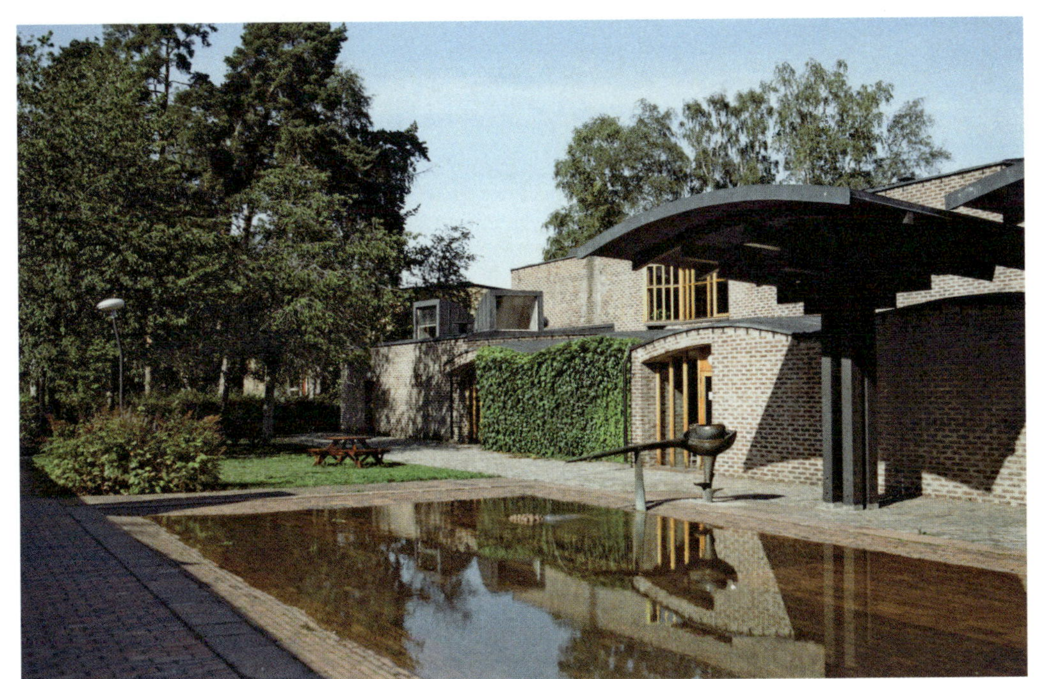

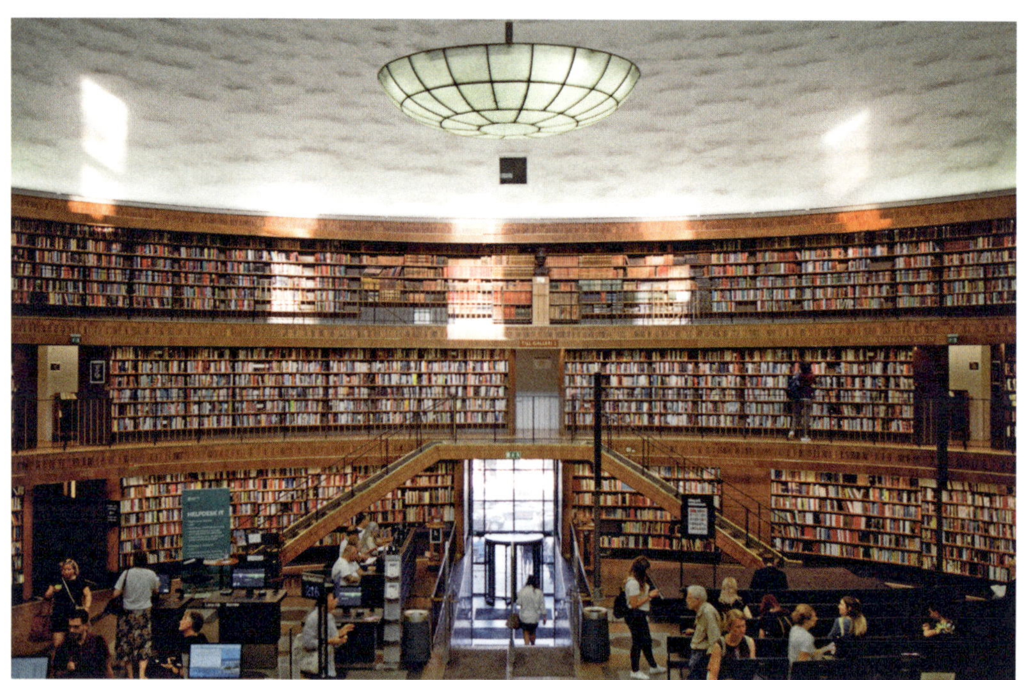
HELPDESK IT

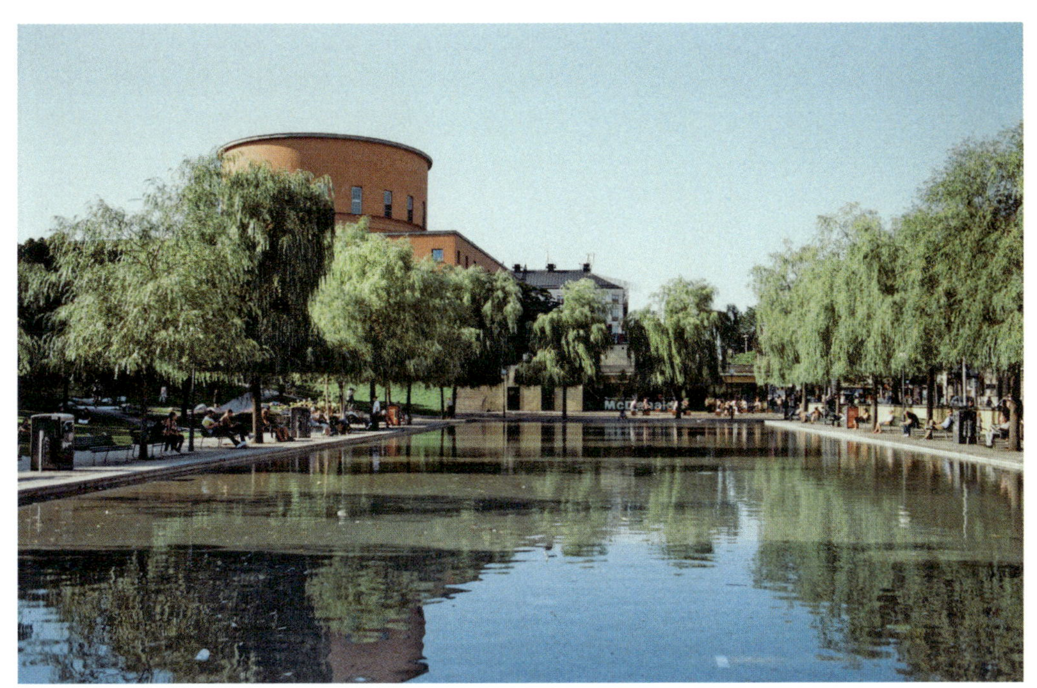

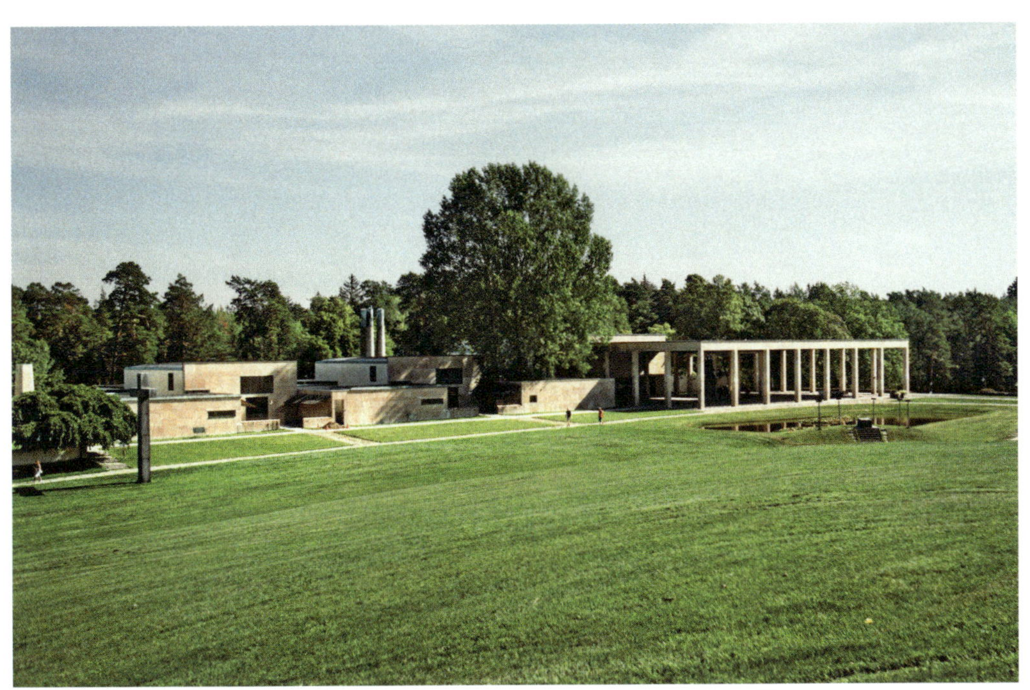

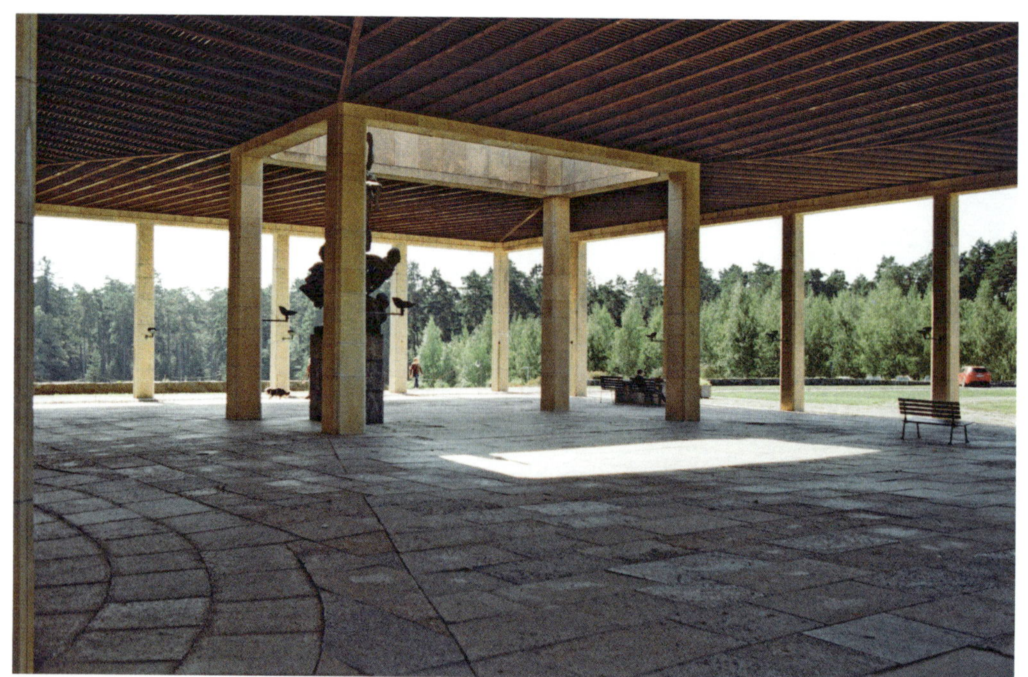

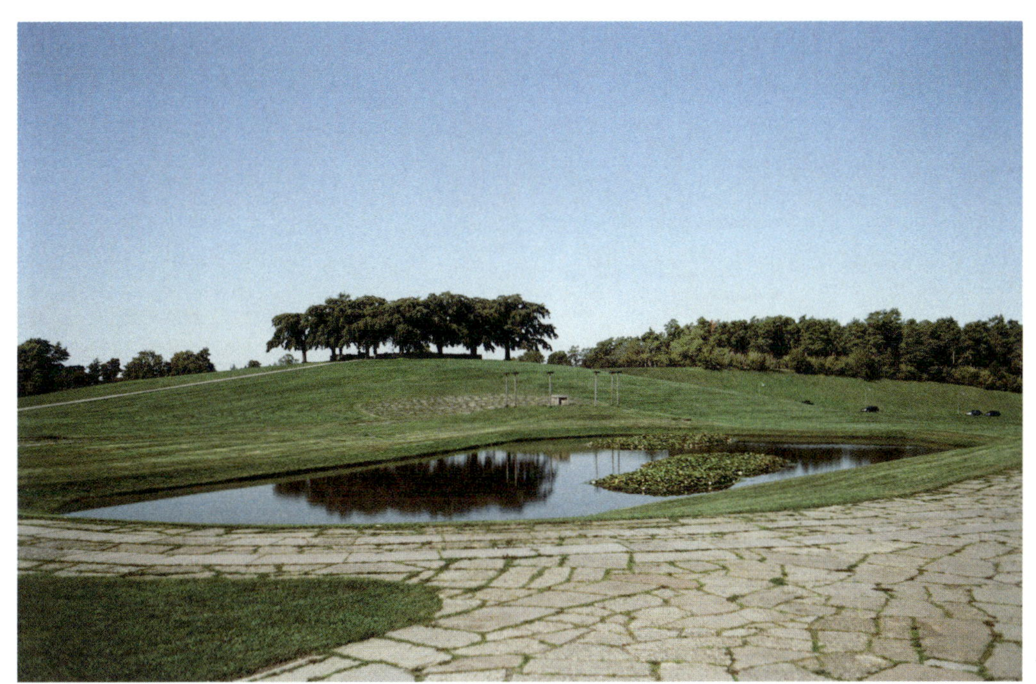

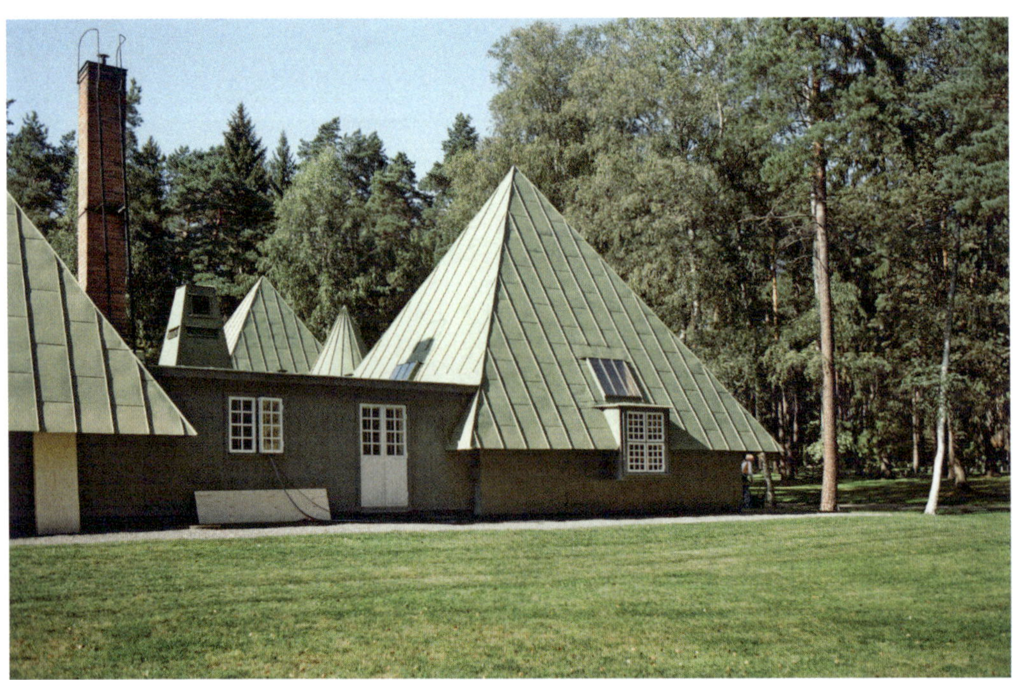

114

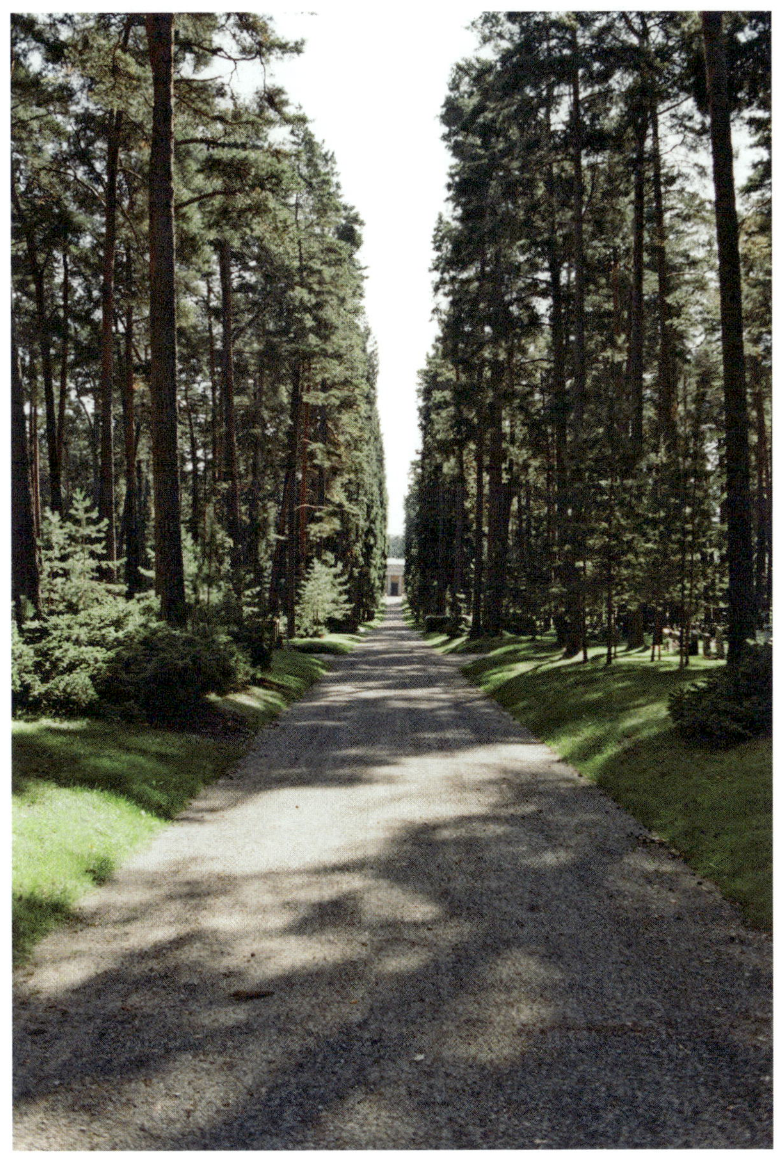

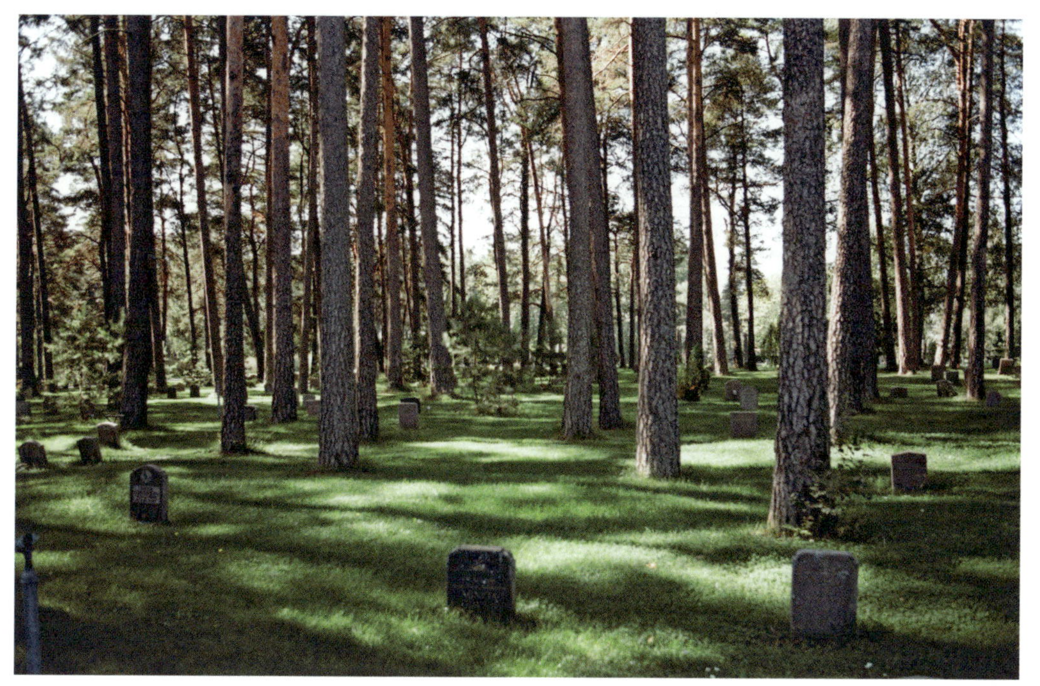

Index

arh. Caruso St. John Architects
arh. Robert Mallet-Stevens
arh. Dom Hans van der Laan
arh. Diener & Diener

arh. Hans Kollhoff
arh. Brinkman & Van der Vlugt

arh. Diener & Diener
arh. Hans Kollhoff and Christian Rapp

arh. Kay Fisker
arh. Kay Fisker, Povl Baumann and Knud Hansen
arh. Kay Fisker
arh. Kay Fisker and C.F. Møller
arh. Kay Fisker

arh. Bjørn Nørgaard and Boldsen & Holm
arh. Hans Christian Hansen

arh. Hans Christian Hansen

arh. Arne Jacobsen
arh. Arne Jacobsen
arh. Vilhelm Wohlert and Jørgen Bo

arh. Sigurd Lewerentz
arh. Sigurd Lewerentz
arh. Klas Anshelm
arh. Dom Hans van der Laan

arh. Sigurd Lewerentz
arh. Gunnar Asplund
arh. Gunnar Asplund & Sigurd Lewerentz

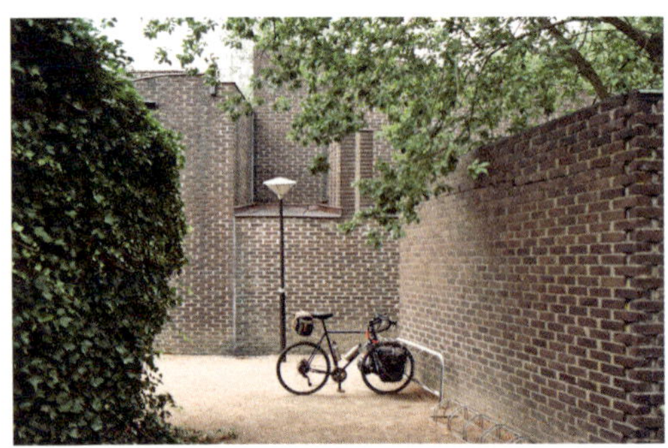

Concept	a-platz
Graphic Design Graphisme	Arthur Calame
Typeface Typographie	Alpha (Omnitype)
Translation Traduction	Martyn Back
Proofreading Relecture	Armelle Domenach
Photoengraving Photogravure	Fotimprim
Printing Impression	PB Tisk, Příbram, September 2023
Paper Papier	Munken Polar rough 120 g Sirio Color Perla 290 g

ISBN 9782958890407 – Dépôt légal octobre 2023